移民と現代フランス

ミュリエル・ジョリヴェ
Muriel Jolivet

a pilot of wisdom

移民と現代フランス――フランスは「住めば都」か

目次

フランス国籍を申請中／僕を白人扱いするのは最悪の侮辱／
黒人でいることの誇り／難民の身分だった／
成績がいいと、何も問題がない／受け入れ体制はいい／
フランス人は決して満足しない／アルジェリアには二度と戻らない／
子供を産むには、まず男性を選ばないと

第五章　女性は同化の原動力？――ブールの女性たち

ブールの女性はフランス女性以上にフランス人！／
ソラヤ、ファティマ、アイシャ、ファリダ、その他多くの女性たち／
処女でなければ娼婦／ファリダの場合／ギャングや麻薬中毒者と会う／
姉が警官とデートしたときは面白かった／死は解放だった／
ナナ・ブール、ブールの女たち／少女の本当の敵は母親たち／
話して、聞いて、情報を与える場／肉体的暴力以上の精神的暴力／
攻撃と不正に痛めつけられている／家では「無」だと繰り返し言われる／
マグレブの家族に会話はない／「お前を殺してやる！」と父親／問題は受け入れ先／
「叩かれた？　大したことじゃない」と母親／女性には楽しむ権利がない／
処女のままでいなければ！／初夜のシーツを望む家族もある／
家族パーティーの間、女性はふさぎっぱなし／フランスの男性とマグレブの家族は難しい／
家族と断絶せずに解決する／強いと同時に弱い女性たち／
私たちイスラム女性は、結婚するまで処女／女性の欲望は認められていない／
同胞の男性の大きな問題／何人かの「ブールジョワ」と、多くの「闘う」女性たち

序

故郷を離れる動機は何であれ、旅立ちは常に辛い……

ザイール・ケダドゥーシュ『フランスとブールたち』

私がこの本を書こうと思ったのには様々な理由がある。これは、私が大学で受け持つ講義「現代フランス社会研究」のために、長い時間をかけて研究したことの成果でもある。この講義では、移民や移民の第二、第三世代でフランス国籍を持つフランス人を取りあげているのだが、現代のフランス社会で彼らの存在がどんなに大きいかは、国民の三分の一（約六千万人のうち二千万人）の人の、少なくとも祖父の一人が外国人といえばわかるだろうか？　講義での質問は、いきおいデリケートなテーマに集中する。例えば「フランス人は人種差別主義者である」、または「人種差別主義者なのだろうか？」、「同化は可能なのだろうか？　それとも望ましいのか、望まれているのか、必要なのか？」、「フランスやヨーロッパで第二の宗教になったイスラム教は、フランス国民が受け継いできたユダヤ、キリスト教と相容れるものなのだろうか？」、「移民の女性たちの立場は？　なぜ彼女たちはフランスに留まっているのだろう？」。

つまりフランス人は、いまやあまり必要としなくなった外国人をどう見ているのだろう？

この講義では、関連するフランスの書籍や、信頼できる雑誌をふんだんに使っている。また私自身、毎年、夏にフランスへ帰ると、パリの町や郊外へ足を運び、移民や第二世代の人たちに——なかにはサン－パピエ（正式な滞在許可証のない人たち）も何人か——「フランスは住めば都ですか？」と聞き歩いた。私の出会った人に、アルジェリア出身のフランス人や、フランス国籍を取得しない選択をしたアルジェリア人が多かったのは、移民のなかでアルジェリア人の占める割合が、ポルトガル人に次いで多いからである。54年（一九五四年）は二十万人だったアルジェリア人は、90年には六十一万四千二百七人、なんと三倍になっている。国立人口問題研究所のミシェル・トリバラは、01年現在フランスにいるマグレブ（アルジェリア、チュニジア、モロッコの北アフリカの三国）人の数を二百五十万人と推定しているが（フランスの人口は六千七十万人。うち本国には五千九百万人）、彼らは全員フランスに残ると思われる。マグレブ第二世代で初のパリ選出議員になったザイール・ケダドゥーシュの言うように「我々は決してアルジェリアには戻らないだろう」。国勢調査によると、フランスのイスラム教徒は五百万人で、うち半分弱が「ブール（Beur）」（Arabe の逆さ言葉）と呼ばれる、フランス生まれのマグレブ第二世代、つまりフランス人である。

私が取材相手として優先的にアルジェリア人を選んだのは、02年5月の大統領選の前、人々の話題は彼らの子供たち、つまりブールの同化問題でもちきりだったからである。かつてこれほど社会の安全が緊急の問題になったことはない。毎週のように、荒れる若者たちによって強盗があり、車が盗まれては火をつけられ、敵対するグループ同士の復讐合戦があり、警察が襲撃されている。それがニュースとなって流れ、国民の不安を煽《あお》って、治安の問題がこれまでになく政治の中心課題になっている。しかし、これらの問題を改めて考えてみると、若者たちが無謀な行動を通して言いたいことは何なのだろうと思わざるをえない。あるいは、警官が郊外でも「熱い」と言われる地域にあえて乗り込まないのはなぜだろうと考えてみるのもいい。これらを社会格差の問題として捉えない限り、暴動は激しくなる一方だろう。政府が、こうした問題を相変わらず二の次にしている限り、事態はもっと悪くなるだろう。映画監督のマチュー・カソヴィッツが、郊外の若者たちの悲惨な生態を描いてフランスで大ヒットした映画『憎しみ』(95年)は、もはやフィクションではなく現実になっている。

この本はルポの形式を取っていて、学術的なものではない。社会に問題提起をする本で、人間にもっと寛容になってほしいと思って書いたものである。私は、問題の引き金となっている人種差別の高まりや、暴動、治安の悪さに答えを出すつもりはない。ただ、一部のフランス人から「我々のパンをむさぼり食う奴ら」と非難されている外国人たちの違う側面を提示して、あらゆる形であらわれる人種差別の弊害に対し、私なりのやり方で闘おうとしたものである。移民問題では非行に走る若者がクローズアップされがちだが、なかには勇気をもって闘い、精一杯、真面目に働いている人たちもいる。いや、それが大半だ。そしていまこそ、そういう人たちの真価を認めるべきだと思うのだ。

このテーマに、私はとりわけ思い入れがある。子供時代の大半をアフリカ、フィリピン、台湾などの外国で過ごし、大人になって日本で生活するようになってからも二十五年以上、常にどこかで「異邦人」のような人生を四十年以上も送ってきたからである。この特殊な育ち方のおかげで、私は子供の頃から色々なことを考えるようになっていた。いまでも覚えているのは、エチオピアの首都アジスアベバから百㎞ほど離れた小さな町、ナザレスで、道に横たわるハンセン病患者たちの前を通りかかったときのこと。私は六歳にして既に「なぜあの人たちはああで、わたしは違うのだろう?」と考えていた。「なぜわたしはこうで、あの人たちは違うのだろう……」。私には、人が見られたくないものを見る才能があった。そして、恐ろしいものを見ていた。「商売道具」にするために手足を切断された痩《や》せこけた子供たち。私と同じ年齢の子供たちが、哀れみを誘うように手を差し出し、万国共通語で「ノー　パパ、ノー　ママ」と言っていた。

私の目には、飢餓でお腹の膨らんだ子供たちが、空腹を忘れるためにサトウキビの茎をしゃぶっていた姿が、いまでも思い浮かぶ。私はといえば拒食症で、出された料理に手がつけられず、食べ物の皿を前に何時間も座っていた。その間ずっと家族に「あなたの代わりになりたがっている子供はたくさんいるのですよ」と繰り返し言われ、私はよけいに後ろめたかった。

家族とともに過ごした全ての国で、私はその地方の人たちに惹《ひ》きつけられる自分を感じていた。「こざかしい白人たち」によって動かされていた植民地の生活が、私は大嫌いだった。彼らは偉そうにしていたが、いや、だからこそかもしれないが、私にとっては退屈きわまりない人種だった。

忘れられない思い出のある国もある。例えばエチオピア。どしゃぶりの雨に打たれたユーカリの葉が放つ甘く悲しい匂いはいまでも覚えている。しかしそれより強烈な思い出として残っているのは、私が世界について想像し、私たちのことをどう思っているのかと考えさせられた、その地方の人たちのことである。私は使用人の何人かとはとても仲良くなれた。しかし、いま最も後悔しているのは、台湾で中国語、フィリピンでタガログ語、エチオピアでアムハラ語、スーダンやモロッコでアラブ語を学ばなかったことである。私はいまでもアラブ語に、その書き文字の、他を寄せつけない美しさに魅了されている。私はもうアラブ語を勉強する計画を立てている……そう、次に生まれ変わったときに！

その後私は、滞在した国々で、民俗学、あるいは人類学をやりたいと思った。高校生、それから学生になってパリにいたときは、道ですれ違うヴェトナム人や中国人、アルジェリア人、アフリカ人を誰でもいいから止め、「フランスは住めば都ですか？」と聞きたくてたまらなかった。旅の懐かしさに襲われたとき、私はパリのモスクへ行ったり、ギリシア正教の礼拝に参列して、自分が異国にいるような時間を作った。「神の声」で歌われる祈りを聞いていると、時間の感覚を忘れて、無重力状態になれるのだった。自分がどこにいるのか、ときには自分が誰かさえ忘れてしまう、そんな瞬間が私は大好きだった。私はただそこにいるだけで満足だった……。

私はフランスの生活が気に入っていたが、異国にいる感じのしないことが心のなかで負担になっていた。私は「自分の」国に留まろうと思ったことは一度もなかった。フランスの生活は簡単すぎ、つまらなさすぎ、静かで、退屈すぎるように思えた。私は闘い、人生を生きたいと願っていた。怠惰なインテリのなかで半分眠ったように、「つつがなく暮らす」のはごめんだった。いまでもまだ、フランスへ帰ると(ヨーロッパの他の国やアメリカ合衆国へ行っても)、自分の国で生活するのはなんて簡単なのだろうと考えてしまう。一言、二言で話がわかり、ユーモアが通じ、なれあいの感情が生まれる。他の国では、言葉を最後まで話し、自分の考えや物の見方を正当化しなければいけないのに……。

大学の研究休暇年で、アメリカのカリフォルニア大学バークレー校にいたとき、私は『黒人の人生、白人の人生』(90年刊)の著者、ボブ・ブラウナーのゼミを熱心に受けた。いつの日か、アフロ-アメリカンの人たちの話を自分で聞いてみようと夢見ながら……。それから十年後、ロンドンにいたときは、イギリスで生活するインド人やパキスタン人にインタビューしたい気持ちを必死で抑えた。私は彼らにただ、「ロンドンは住めば都ですか?」と聞きたかった。サウス・ケンジントンにある博物館の前を通り、フランス大使館領事部の前でフランスへ行きたい外国人が延々と長い列を作っているのを見たとき、私は立ち止まって彼らに聞いてみたくてたまらなかった。「ロンドンは住めば都ではないのですか？」、あるいは「フランスの方が住みやすいとお考えですか？」と。

こんな昔のことを話したのも、私が「現代フランス社会研究」の講義にどんなに力を入れているかをわかってもらうためである。この講義では、学生たちに映画やドキュメンタリーの抜粋を見せている。私がフランスで行ったブールへのインタビューや、対話の抜粋も配り、そのなかからキーワードを与えて、学生たちにインターネットで検索させることもした。カソヴィッツの映画『憎しみ』を少しでも理解できるよう、郊外の文化や、逆さ言葉や新語、造語の入り乱れた話し方なども教え、イメージを膨らませてもらった。ライ・ミュージックやラップ、ヒップ・ホップなどの音楽も聞いた。ちょっとハードなラップは、使われている歌詞がひどすぎて、授業ではわざと省略する部分もあったのだが……。全ての学生が私と同じくらい夢中だったとは思わないが、少なくとも講義を受け続けた学生たちには、私のウイルスがうつってしまったことを期待したい。

講義では学生たちの考えを自由に述べてもらい、私はそれに沿って授業を進めた。例をあげると、「裕福な地区に住んでいるフランスの政治家が、はたして本気で郊外の問題を心配し、解決に乗り出せるのだろうか？」、「同じ外国人でも、他の国の人より人種差別を受けている人はいるのだろうか？」、「どの社会階級に一番人種差別が生じやすいのだろうか？」、「ブールのアイデンティティは？」などで、その他にもたくさんある。

この講義のおかげで、私は二回の夏休み、パリとパリ郊外を走り回り、サン-パピエの人たちや、外国人、帰化した人、しない人たちの話を聞くエネルギーが湧《わ》いてきた。彼ら彼女らは長年、黙っている方がいいと信じていたぶんよけいに、話したいことがたくさんあった。私が特に感謝したいのは、「ヴァル・ドワズ県アフリカ女性組織」（Afavo/Association des femmes africaines du Val d'Oise）の副代表アイシャ・シソコ、「ナナ・ブール（Nanas Beurs）」のサミア・アクトリ、『ザイール・ル・ゴーロワ（ガリア人、ザイール）』の著者で、移民二世でありながら政治家までのぼりつめたザイール・ケダドゥーシュ、モロッコ出身のフランス人、ラルビー・バルバル、その他たくさんの人たちである。

アルジェリア人や、アルジェリア出身のフランス人との出会いは、熱気に溢れたものになった。私は貴重な時間を一時間だけもらったはずなのに、話が弾むと引き止められ、コーヒーカップを前に半日がかりになったことも多かった。最初は丁寧語でも、五分も話すと親密な言葉になり、なかにはインタビューの最後に私を両手で抱きしめ、「話したいことがたくさんある女性は他にもいるから、会いに行ったら？」と親切に言ってくれる女性もいた。私は聞いたばかりのことを頭に、会ったばかりの人の魅力にぼーっとなりながら帰路についた。夏がそんなに早く過ぎたことはなかった。ただ一つ心残りなのは、もっと取材をしたかったのにできなかったこと。「黒人女性の権利を守る運動」（Modefen/Mouvement pour la Défense des Droits de la Femme Noire）や「性の改変を廃止する女性団体」（GAMS/Groupe Femmes pour l'Abolition des

Mutilations Sexuelles）といった、他の団体を訪ねる時間がなかったこと。また、日本へ帰るために、ブールのためのラジオ「ラジオ・ブール」の再開の日まで待てなかったことである。女性作家にも何人か会いたかった。例えば中国人の素晴らしい女性作家、チァウ・チング・リー。彼女の最新作『仏陀の手のなかで』（01年刊）を読んで、私はとても感動していた。

私はこの本で、移民の人たちが不当に非難されている現状を把握できたらと思っている。既に述べた、「我々のパンをむさぼり食う移民たち」というのは、なにあろう『ヌーヴェル・オブセルヴァトゥール』誌（83年11月4―10日号）の記事のタイトルで、フランスではこんな恐ろしい非難がまかり通っているのだ。私が出会ったガーナ人の夫婦はその日暮らしで、毎朝、生きるために必要な百フラン（約二千円）をどう工面しようかと考えて起きていた。他の人たち、特にあるルーマニア人の男性は、平日毎日働いて手にするのが月に二千フラン（約四万円）、この額は国から支給される「ＲＭＩ（同化のための最低保証手当）」（二千六百八・五フラン。約五万二千円。01年1月に確定）より六百八・五フラン（約一万二千円）も少ない。その結果として彼は、フランス滞在数カ月で10kgも体重が減り、二回も重い鬱病になって、抗不安剤の世話になっていた。また、子供たちのたった一日のバカンスのために借りた百フランを、月に十フラン（約二百円）ずつ返すのに大変苦労している人たちもいた。

確かに移民の最後の世代ほど分が悪く、人種差別や、ほんの僅か先に来た人たちの拒否にあうことも多いのだが、私の答えははっきりしている。いいえ、移民はフランス人のパンをむさぼり食ってなどいない。彼らは彼らなりに生き残りをかけているのだ。私は人種差別的な言葉を聞くたびに、人間の愚かさを示す最後の遺物、「人種差別」に対して勇敢に闘っている全ての人のことを思う。彼らはそれぞれのやり方で、憎しみの感情を抱かずに闘っている。例えば、ブールを代表する女性映画監督、ヤミナ・ベンギギの質問に答えた一人のアルジェリア女性が、「私はフランスで何一つ得しなかった」と言うように。

この本を、取材に協力してくれた全ての素晴らしい人たちに捧げたい。私を快く受け入れ、自分たちの体験を素直に語ってくれた人たち。そして、それぞれのやり方で人種差別反対運動を展開している人たちに——。特に感謝したいのは、アハメッド、アイシャ、ジャミラ、エマニュエル、フィルマン、ラルビー、レイラ、ナビラ、ヌアラ、ピトゥー、サミア、杜聖教《デュシエンジアオ》、ザイール。サン＝メリー教会ＣＰＨＢの移民支援グループで活動しているポールとセリーヌも忘れてはいない。また、私の翻訳者である鳥取絹子さん、私にこれを書くように勧めてくれた鈴木りえ子さん、適切なコメントをくれたアンヌにも感謝したい。皆さん全ての助けがなければ、この本はなかっただろう。

第一章　背景を数字で見ると

移民の数は？

99年の国勢調査によると、フランス本国にいる移民は四百三十一万人で、人口の7.4％。この数字は75年から変わっておらず、うち百五十六万人がフランス国籍を手にしている。更に、フランスで生まれた外国人が五十一万人、これに国籍を取得していない移民二百七十五万人を加えると、フランス本国にいる外国人は三百二十六万人になる（次頁の図参照）。

国立統計経済研究所によると、移民と認められるのは、出生地と国籍の届出による。つまり、外国で生まれて、出生時にフランス国籍を持っていなかった人が移民である。一度フランスに入国して、国籍を取得するとフランス人になることができ、その場合はフランス人移民の身分になる。あるいは自分の国の国籍を捨てず、外国人移民（フランス国籍を取得していない移民）の身分でいることもできる。ただし、外国で生まれたフランス人や、移民の両親からフランスで生まれた子供たちは、自分から異議を申し出ない限り、自動的にフランス人になる。現在、移民の三人に一人以上（36％）がフランス人である。

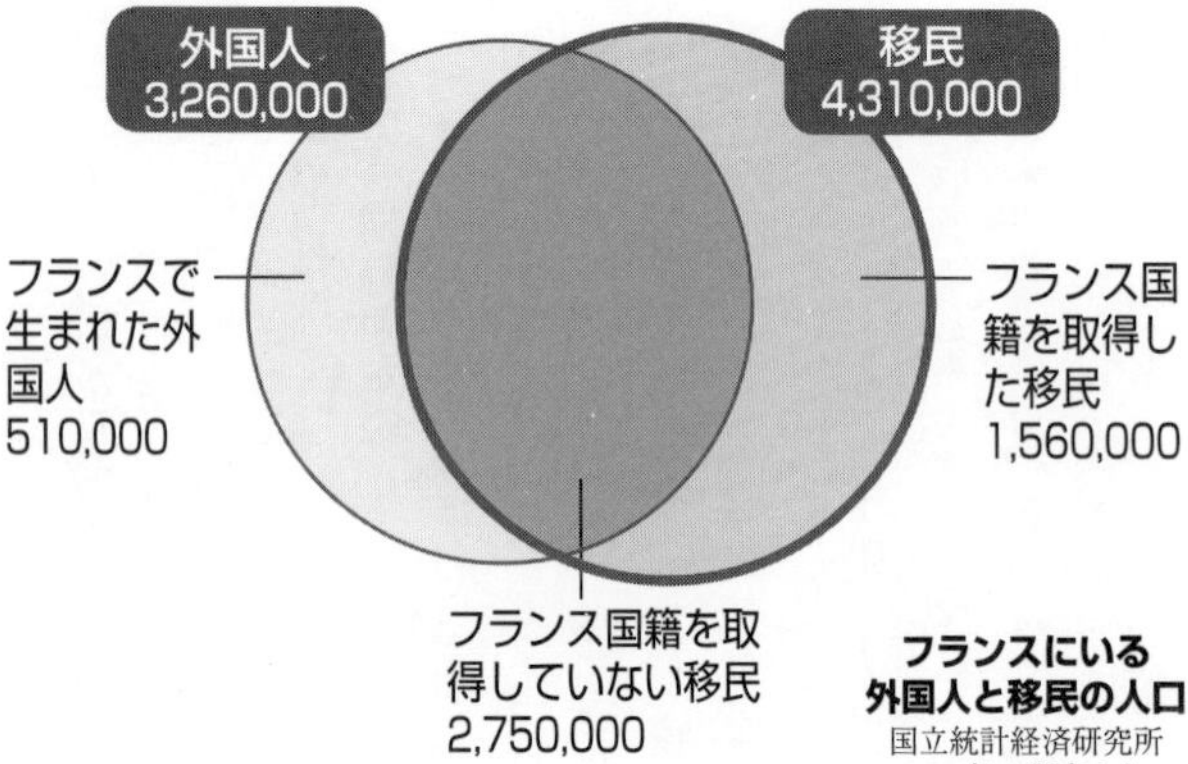

フランスにいる外国人と移民の人口
国立統計経済研究所
1999年の調査より

どの国から

フランス国籍を保有している移民で目立つのは、ポルトガル人、アルジェリア人、モロッコ人の三つのグループで、それだけで合計五十万人以上になる。次いでイタリア人、スペイン人、チュニジア人、トルコ人、マグレブ以外のアフリカ大陸の国々全体の順。EU加盟国十五カ国からの移民は減る傾向にあり、75年は移民全体の56％だったのが、99年は45％になっている。

一方、EUに加盟していない他のヨーロッパからの移民は、僅かながらもコンスタントに増えている。また、マグレブ三国からの移民をみると、彼らだけで百三十万人、90年より6％増えている。サハラ砂漠より南のアフリカの国々、特にコートジボワールや、ガボン、マリなどからの移民は四十万人で、90年に比べて43％も増えている。近年の移民では、トルコやアジアからの移民も重要で、後者は難民の申請者や、家族を頼ってくる人々が多い。

サン－パピエは必ずしも不法滞在者ではない

しかし、これらの数字は現実からはほど遠い。正式な滞在許可証を持たない外国人、サン－パピエの数をつかむのは事実上不可能だからだが、情報省では、この数を三十万人から百万人とふんでいる。ただし、サン－パピエの人たちが全て不法入国者かというと、そうとは限らない。多くは観光ヴィザで入国し、日本で言う「オーバー・ステイ」をして、正式な滞在手続きを待っている人たちである。

ちょうど私がこの文を書いているとき、毎週、十台にのぼるルーマニア・ナンバーの車が、ブカレストから西ヨーロッパ（イタリア、フランス、スペイン）に向かっているという報道があった。EU内に住む全ての市民の通行が自由化されたシェンゲン条約により、02年1月から、観光客であればヴィザなしでEU内に入れるようになった。ルーマニア政府は出国ラッシュを抑えるため、旅行者全てに外国からの招待状か、一日百ユーロ（約一万二千円）で計算した滞在期間に見合う滞在費を提示するよう求めている。それを受けて、地方紙の三行広告には、フランスへ来たがっているルーマニア人にユーロを用立てたり、市町村のスタンプのついた正式な招待状の支給を提案しているものがある。もちろん、これらの「サービス」は報酬を条件に行われている。ブカレストから国境までは車で十四時間しかかからない。ルーマニアの国境警

ルーマニアのブカレストからパリに至る道筋

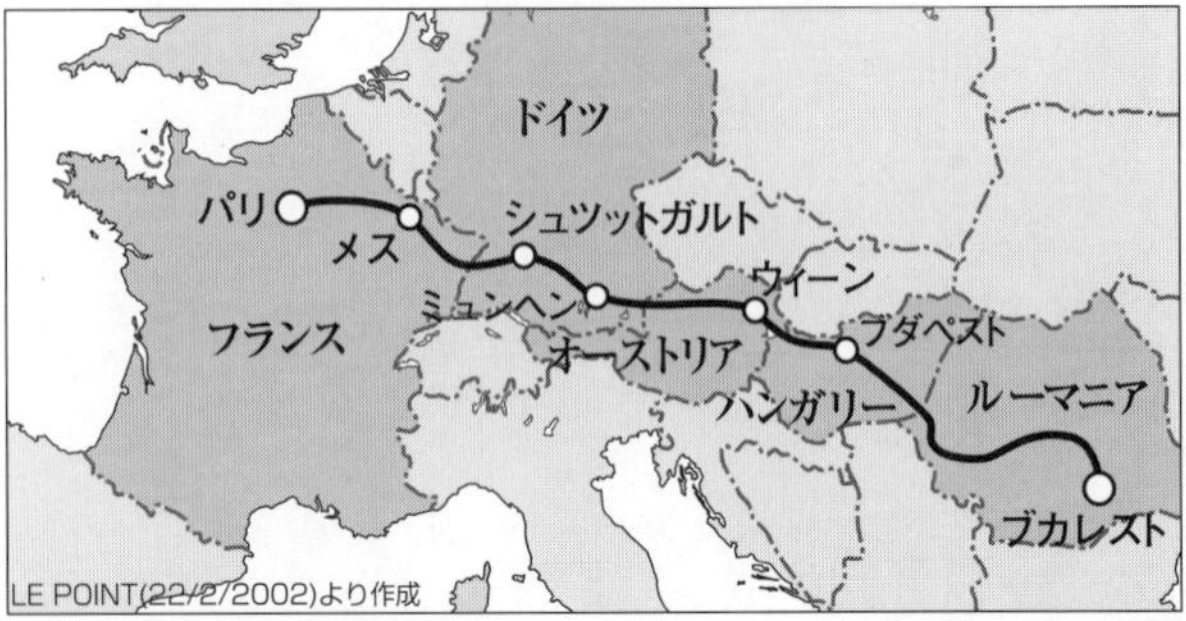

LE POINT(22/2/2002)より作成

察もバカではないのだが、後はフランスにお任せと言っているそうだ。

02年の1月から3月までに、国境で追い返されたルーマニア人は三万五千人、その一方で二十一万五千人が国境越えに成功している。このリズムでいくと、02年の暮れには約百万人がフランスに来た計算になるだろう。このうちいったい何人がフランスに残ったのだろう？ シェンゲン条約の恩恵に浴しているのは「観光客」だけではない。ルーマニアで迫害されていると考えているロム人やツィガン人などのジプシーも、この前代未聞の国境自由化の動きを利用しようとしている。また、心配なのは、何千人という東欧の女性が売春組織に利用され犠牲になっていることだ。この人身売買では、18歳から25歳の女性の半分以上が、ルーマニア東方の最も貧しい地方、モルダヴィア出身といわれている。

男女のバランスが取れてきた

移民が増えた背景には、75年以降、家族を呼び寄せるという名目で、女性たちが来たことがあげられる。男性移民の数は一定して変わらないからだ。こうして、男女のバランスも取れてきた。移民の半分は30歳から55歳。若者が少ないのは、フランスで生まれたら自動的にフランス人になり、移民にはならないからだ。99年に報告された「正式な滞在許可証」を持つ外国人の数は三百二十万九千百三人で、98年度より0.3％増えている。

総人口に対する移民の割合（地域別・単位%）、1999年

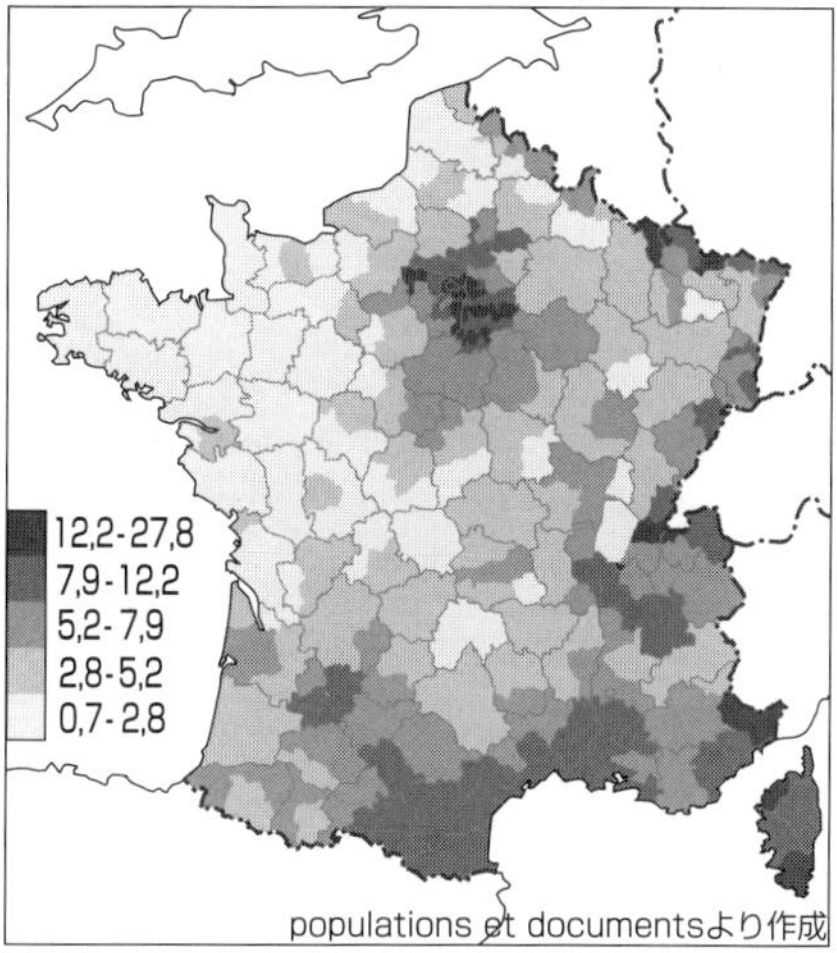

生活するところは、圧倒的に都会が多く、ほぼ60％が三つの地域に集中している。パリを中心とするイル－ド－フランス地方（37％）、リヨンを中心とするローヌ－アルプス地方（11％）、マルセイユを中心とするＰＡＣＡ、プロヴァンス－アルプス－コート・ダジュール地方（10％）である。移民は大半が都会人で、それも大都会に集中し、三人に二人近くが人口二十万人以上の都市に住んでいる。

移民の最近の歴史のポイント

フランスの移民政策の転換期は「栄光の三十年」(45〜75年)の終り、安価な労働力が必要とされた頃である。この時期、スペインやポルトガル、マグレブ(とりわけアルジェリア)から大量の移民が集まった。特にアルジェリアからの移民は、独立戦争の八年間(54〜62年)の間も続いた。石油ショックのあとの74年、当時のジスカール・デスタン政権は突然、国境の閉鎖と、移民の中断を決め、彼らに国に帰るよう働きかけた。移民を減らす意図はしかし、家族を呼び寄せる政策から、妻たちがフランスにいる夫のもとに来ることが許されて、一部骨抜きになった。

81年、ミッテランが大統領に選ばれ、左翼政権が誕生すると、十三万人のサン－パピエに三年間の滞在許可証が与えられた。その後、議会で右派が過半数を占めると、外国人の権利を縮小する法案として、まず93年に移民法のパスクワ法、同年7月22日に国籍法修正案のメエニュリー法が可決され、フランスへの入国も、滞在した場合の保護も大幅に制限された。この法律のもと、フランスで生まれた外国人の子供は、16歳から21歳の間に、自分の意志でフランス国籍を申請することが義務づけられ、それがないと権利を失うことになった。

97年4月24日に可決された移民法のドゥブレ法は更に厳しい内容で、移民の滞在許可証の更新を認めないものになる。それによって、滞在許可証を剝奪された外国人、つまり、サン－パピエと呼ばれる人たちが溢れた。左翼政権が復活した後の、98年5月に施行された移民法のシュヴェーヌマン法は、条件つきでサン－パピエを合法化するものだったが、思ったほどパスクワ法が削除されておらず、大きな失望をもって迎えられた。

98年9月1日に施行された国籍法のギグー法は、93年に据え置きにされた問題を再び取りあげたもので、「フランス領土で生まれた子供には全てフランス国籍を持つ権利がある、というわが国の伝統に帰る」という文面を明記、外国人の両親からフランスで生まれた未成年は、わざわざ意志表示をしなくてもフランス国籍を有するとした。以来、フランスで生まれた外国人の子供は「18歳の成人になったら当然のこととしてフランス人」になる。ただしそれには「最低期間フランスで生活していることが必要」で、志願者は五年間フランスに滞在していることを証明できなければならない。前のメエニュリー法と同じである。

その後の修正文で滞在の基準が緩和される。最初は五年間続けて滞在していなければならなかったのが、11歳から18歳の間に、細切れの滞在でも合計が五年間になればよいことになったのだ。とはいえ、前の文書との相違はそれほど際立っていない。なぜならフランス国籍は公然の既得権であるはずなのに、五年間の滞在を証明する資料や、在学証明書の提示を求めているからだ。法務省の官房でも、「18歳でフランス国籍を取得するために、当事者は必要な物的証拠を提示しなければならない」とはっきり言っている。そのうえで法務大臣は「重要視されるのは子供個人の意志」であることを強調した。

更にギグー法では、外国人の両親からフランスで生まれた若者は、16歳になったらすぐ、滞在基準を満たしていれば、18歳になる前でも自分の意志でフランス国籍を取得できるようになっている。その場合、16歳で申請するには、11歳から続けて五年間フランスに滞在していなければならず、17歳で申請するには、間の一年間外国にいても何も問われない。それとは別に、両親のほうも、子供が13歳になった時点で、「子供の意志がはっきりしていれば」、子供のフランス国籍を要求することができる。その場合、当事者である子供は、17歳半から19歳の間に、フランス国民になることを辞退できる。

フランス国籍の改正の公示文書には、外国人の両親からフランスで生まれた子供は「成人してフランス人」になることがはっきり書かれている。その文書は、

「あなたは18歳である／あなたは外国人の両親からフランスで生まれた／あなたは11歳から18歳の間に、少なくとも五年間フランスにいた／あなたは成人になった時点でフランス人になる／いますぐ考えるように／フランス国籍を取得するためには、あなたの出生地と住居を証明する資料の提出が義務づけられている」

法務省がフランス国籍を希望する人に発行しているパンフレットを見ると、フランス国民としての権利は「選挙権、被選挙資格権、公職につく権利」で、義務は「フランス憲法、ならびにフランス共和国の信条、法律、規則を尊重し、例えば国勢調査の義務に従う」となっている。

どっちつかずのシュヴェーヌマン法

ところで、現在施行されている移民法がシュヴェーヌマン法だが、これにも色々な問題がある。サン＝パピエの人たちを援助する団体の一つ「第三集団」で活動しているメンバーの一人が私に言ったように、「シュヴェーヌマン法は、最初はいい法律に見えたんだけどね、その後次々に条件をつけただけじゃないか！　四十頁にもわたる通達で適応が大幅に制限されている。問題は特に各県警で、担当者の匙加減《さじ》で申請が処理されることだ」。

こう見ると当の政府に、移民ラッシュを減らしたい、とまで言わなくても、抑制したい意図があるのはありありだ。本当はとてもデリケートな問題なのに、移民第二世代の若者たちを社会からつまはじきにし、それによる治安悪化を、大統領選の中心議題にしているのだから……。

誰がどんな問題を？

この本では色々な状況にいる外国人の話を紹介している。後半に出てくるエマニュエルとジャミラはオーバーバー・ステイのカテゴリーに入っている。二人とも持っているのは一年間の滞在許可証で、フランスに住み、仕事をする権利が与えられている。

ザイール・ケダドゥーシュは、どのカテゴリーにも入らない代表例。両親はアルジェリア人で、フランスで生まれた彼は自動的にフランス国民になっている。その意味で彼は、フランスに生まれたら誰でもフランス人になれる権利を利用できた世代である。

ところが前にも述べたように、この当然と思われていた権利が93年のメエニュリー法で再検討され、その結果、16歳から21歳の間にフランス国籍を申請しなければならなくなった若者たちから、許しがたい差別だと批判されることになる。実際、そんな小手先の再検討をする前に、彼らにとってどの国籍がいいかをまず考えるべきだろう。この法案はまたフランス政府が、国籍を申請しなかった若者たちを不法滞在者とみなし、言葉も話せない国へ帰らせることも認めていた。それはあんまりだというので、98年のギグー法でフランスに生まれたらフランス国籍を取得できる既得権が、復活したのである。

第二章　フランス人は人種差別主義者か

人種差別は、人間の生きているところならどこにでもある。わが国に人種差別はない、と胸を張って言える国は一つとしてない。人種差別は人間の歴史の一部である。病気のようなものだ。それを知ったうえで、排除し、拒否することを学んだほうがいい……。人は常に誰かにとっては異邦人だ。一緒に生きることを学ぶ、それが人種差別に対する闘いだ。

タハール・ベン・ジェルーン『娘に説明する人種差別』

人種差別は、民衆の間でうまく共有されている事柄である。

カリクスト・ベヤラ（カメルーンの女性作家）

ここフランスには、ルブー（ブールの逆さ言葉）とルノワ（ノワール、黒人の逆さ言葉）がうじゃうじゃいる／オレたちにはチャンスがない／オレはあきらめはしないが／それがフランスさ……／黒人の若者には、希望がない／同化しなきゃ、ゼロってこと／この国にオレの居場所は殆どない……

ディシズ・ラ・ペスト（ラップ歌手）

フランス人は人種差別主義者なのだろうか？　このテーマはタブーかもしれないが、ここできちんとしておかなければならない。その裏に、政治的に正しくない状況があるからだ。フランス人に最も受け入れられているのは、ラテン系とアジア人で、これは紛《まぎ》れもない事実である。前者は地理的、文化的、宗教的に近く、同化も容易と見られている。後者は、アジア人というだけで働き者、頭がいい、頑張り屋と見なされ、好意的な先入観で迎えられている。

フランス人の4%は人種差別主義者

92年に発行された「人権諮問《しもん》委員会」のレポート、「人種差別と外国人嫌いに対抗する」の調査によると、「あなたは人種差別主義者ですか?」という質問に、4%のフランス人がはっきり「そうだ」と答えている。これに加えていいのが、「人種差別主義者ではないが、そう思われても仕方のない行動をすることがある」と答えた47%。一方、「人種差別主義者では全くない」と思っているフランス人は48%で、こういう人は複数左派を支持する傾向が強い(53%。それに対し右派支持は40%)。これを具体的な状況で質問すると、フランス人の考えはもっとはっきりしてくる。例えば「あなたの娘が、ヨーロッパ圏ではない外国の男性と結婚したいと言ったら、あなたはどうしますか?」という問いに、過半数の54%が「何も問題はない」と答えている(うち62%が左派支持、44%が右派支持)。それに対し、「悩むだろうが、反対はしない」と答えたのは33%で(左派支持29%、右派支持42%)、「ショックを受け、反対するだろう」と答えたのは、僅か10%である。ここで子供の性別による違いは全く見られない。

アラブ人嫌いの裏に

同じく92年の調査で、「フランスにはアラブ人が多すぎる」と答えているフランス人は65％もいる。アラブ人はどうも嫌われているようなのだが、なかでも一番の嫌われ者がアルジェリア人なのは明らかで、モロッコ人やチュニジア人はその後にくる。百三十年間（１８３０〜１９６２年）の植民地政策と、八年間の独立戦争による重いツケ（双方で四十万人の犠牲者）が、フランスとアルジェリアの関係を特に微妙なものにしている。そのあたりの複雑さを、作家のフィリップ・ベルナールは『移民』（93年刊）のなかで次のように書いている。

「これが歴史の皮肉だろうか。アルジェリアからの移民は、独立戦争の間も減るどころか、倍増し、そのアルジェリア移民たちは、祖国解放のために戦ったはずなのに、多くは独立したアルジェリアで生活するのを拒否、かつて宗主国だった大国に根を下ろす道を選んでいる」

全体的にみてフランス社会は人種差別主義ではないね

ここでザイール・ケダドゥーシュの話を聞こう。彼はアルジェリア移民二世のフランス人で、現在は政府の社会問題監査部局にいる。彼はまた「同化またはフランス協会」の会長で、『ザイール・ル・ゴーロワ』の著者。初めて選挙に当選したマグレブ出身のパリジャンで、区会議員、地区民主主義担当大臣でもある。また03年4月に、レジョン・ドヌール勲章を受章する予定である。

ザイール・ケダドゥーシュ

「大多数のフランス人は、やっぱりアルジェリア人を嫌っているね。人権諮問委員会で、『あなたはユダヤ人、黒人、アジア人、マグレブ人のいずれかに対して、好き嫌いの感情はありますか？』と聞いて、更にマグレブを三つの国に分けたら、驚くべき数字が得られた。なんと、75％のフランス人が、アルジェリア人は嫌いだと答えている。マグレブ人のなかで、アルジェリア人が一番好かれていない。その後がモロッコ人、それからチュニジア人で、ここにも上下関係がある。黒人も嫌われているけど、マグレブ人ほどではないんじゃない？

フランス社会は全体的にみて人種差別主義ではないけど（じゃないとここにいられない！）、でも、そうでもないところがある。一言で言うと、イスラム教がわかっていない。全ての問題はそこにある。アラブ世界がわかっていないんだ。アラブ世界が怖い。シリアにしても、レバノン、マグレブにしても、近代化と民主主義をもたらしたのはフランスなのにね。

フランス人は人種差別主義者かどうかって？　これはとてもいい質問だ。僕はもちろん違うと即答したいところだが、こうも言いたい。フランス人も皆と同じように人種差別主義者だと。つまり、どんな人間の集団でも、違う存在のものは全て怖いと思う。例えば、黒人だけのなかに白人を一人入れたら、そこには絶対に何か反応がある。逆に、白人しかいないところに黒人を一人入れてもそう、違うものに対して疑問が湧いてくる。自分たちのアイデンティティに疑問を抱かせるような人間を受け入れないのは普通の反応で、僕はそれはどんな人間の集団にもあると思う。だから、フランス人は人種差別主義者かどうかという質問には、全体的にみてそうじゃないと言えるけど、アラブ人に対して恐怖心か、嫌悪感を抱いているかどうかと聞かれたら、そうだと言わざるをえないね。

アラブ人であることがハンディであってはならないはずなのに、人種差別をされることがある。企業への就職でも、マグレブ人は他の外国人より仕事を見つけるのが難しいのは事実だ。同じ資格を持っていても、マグレブ出身のフランス人の方に失業者が多い。だから、どう考えても出身地と結びついているんだけど、この問題は非常に難しいからね。それでも僕は、フランス人は人種差別主義者ではないと答えるね。全体的にみて、他の国と比べてもね。フランスはもっと色々混ざり合った国だ」

アルジェリア人にしては美人だね

次はフリーランスのジャーナリストで、36歳のアルジェリア女性、ヌアラ・ベナイの見方である。

「いまはマグレブの料理や音楽、文化がブームになって、以前より変わったわね。人気のナイトスポットへ行くと、どこでもちょっとしたマグレブ・タイムがあって、皆ライ・ミュージックで踊っている。流行の最先端になったんじゃない？　一番人気のバーなんか、前はアラブ音楽なんか聞いたことがなかったけど、いまじゃ信じられない。だから、すっかりなじんだって感じね。ほとんど逆転したんじゃないかしら。いまはアラブ人が『カッコよくて』、『生き生き』してる。実際、夜のパーティーに顔を出すと、私はたいてい楽しめる。これまでにない地中海風の雰囲気があるのよ。皆おとなしくなんかしていないから、パーッとやる。

　フランス人は人種差別主義者かどうかという質問には、私は答えられないわ。だって、ケース・バイ・ケースでしょ。私に対しては人種差別主義者じゃない。私はフランス人から見たら『まともな』アルジェリア人だから。私の二人の姉はブロンドなんだけど、アルジェリア人だとわかったら、たいていビックリされるの。フランス人には典型的なアルジェリア人像というのがあって、髪は黒くて縮れていると思われているのね。どうしても人間は人をカテゴリーに入れたがる。いまでも覚えているのは、姉が大学生だったとき、一人の男に『君はアルジェリア人にしては美人だね』と言われたんですって。いまは別の意味で極端になっている。『ああ、アラブの女性は美しい、セクシーだ』

　わかります？　私たちは常にどっちかに決めつけられるの。ポジティヴか、ネガティヴか、外国人というだけで、よく知りもしないくせに、ある考えや何をしているかで分類されるの。これっておぞましいわ。

フランスの特徴についても答えられない。もちろん、フランスは民主国家で、表現の自由が認められている。言いたいことが言えるし、被害を受けたら圧力をかけることもできる。人種差別の国とはとても言えないわ。でも、よくバカだとは思う。私がいわゆる『教養のある』人たちのなかに入って、その人たちがイスラム教と、タリバンのような熱狂的なイスラム教の話をして、二つは同じだと思っているのを聞くとカッとなる。だって私なら、カトリックでも教えを万全に守る十全主義と、普通のカトリックを混同しないからよ。なのにいつも一緒くたにして、怖がって、決めつけようとする」

アラブ人にしては、まともな奴だ

この二人の証言からわかるのは、人種差別はまだあるにしても、より巧妙な形になっていることだ。「君はアルジェリア人にしては美人だね」という言い方は、どう考えてもひどすぎる。「アルジェリア人にしては」という言葉の裏にあるのは、植民地主義のおごり、アルジェリア人は美人であるわけがない、フランス人より美人のはずがない、と言っているようだ。裏に込められた意味のひどさを、ヌアラは忘れていなかった。

それで思い出すのは、フランスを代表する社会学者、ピエール・ブルデュー監修、共著の大作『世界の悲惨』(93年刊)のなかに出てくる短い一節。一人のフランス人が「奴はアラブ人にしてはまともだ。それは認めないといけない」と、とんでもないことを言っている。ブールを代表する女性監督、ヤミナ・ベンギギの話も、巧妙な人種差別だ。隣に住むフランス人が、彼女の父親に会うたびにこう言った。「ところでアハメッド、あんたが国へ帰るのは今年かね？」。隣人は「ベンギギさん」と呼ぶ代わりに、親しみを込めて「アハメッド」と呼び、しかも「あなた」ではなく親密な言葉で「あんた」と言っている。この見えすいた心遣いから、隣人の真意が見えてくる。アラブ人にはうんざりで、もうフランスから出ていくときだと言っているのだ。それに対して父親は、「そうさ、今年だよ。数カ月後だ（フランスからオサラバするのはね）」とへりくだって答え、フランスに根を下ろしたわけではないと、相手に（おそらく彼自身にも）信じさせている。

仮の状態が常時になる

父親がそうだから、彼女の母親も落ち着かない。いずれは国に帰るのだからと、荷物もダンボール箱に入れたままにしておく。ベンギギの次の文を読むと、仮の状態がいつのまにか「常時」の状態に変わっていくのがよくわかる。彼らにとっての帰国は、死んだ後でしかないのだ。「私の兄弟姉妹は、スーツケースの取っ手に手をおいて大きくなった。私もそうだ。時間は変わらずに過ぎていった。仮の状態が少しずつ落ち着いてきた。母の口から『来年は、多分……』という言葉がだんだんと聞かれなくなり、言っても以前より熱がこもらなくなってきた。二十年が過ぎた。両親はまだここにいる」

移民の両親が国へなかなか帰れないのは、フランスで生まれた子供たちがフランス人になりきってしまうことが最大の理由だ。ベンギギが、元炭坑夫のモロッコ人男性に語らせた話が、それをよく物語る。「女房が国から来てくれました。最初は私より女房の方が大変でしたね。ここにいたくなかったようですからね。でも、子供たちが生まれたら、彼女は慣れてしまったんです。私もですよ。国へ帰ろうとは思っていたんですが、だんだんとね、どうしてかわからないけど、帰らなくてもいいと思うようになった。私はね、この国に愛着を覚えてしまったんです。最初は人に言われて来たんですけどね、三十三年前にね……。子供たちはここで生まれて、ここで勉強しています」

ジスカール・デスタン政権のもと、76年に実施された帰国奨励制度は、志願者全員に一万フラン（約二十万円）の奨励金を支給するものだったが、81年から83年の移民労働者担当大臣、フランソワ・オーテンに言わせると、これは失敗に終っていた。なぜならこの制度の恩恵にあずかったのは「その必要のない人たち」、つまり「どちらかというとフランスに留まってほしい人たち」だったからだ。オーテンはこの帰国奨励制度を廃止したのだが、その理由をベンギギにあますところなく語っている。「あの制度を利用したのはスペイン人とポルトガル人が多かった。彼らはどちらかというと留まってほしい人たちで、本当はマグレブ人を対象にしたものだった」

一万フラン。これが俺たちの値段かね！

再びベンギギの話を聞こう。「兄のラシッドが私に言ったわ。『ふざけるな、これが俺たちの値段かね。一万フランだってさ！』。それで兄は嫌気がさして、妻と子供たちと、一万フランをもらって国へ帰ることにしたの。その方が正しいと思ったのね。兄は、子供たちには何をおいてもアルジェリア人でいてほしいと願っていた。子供たちのアイデンティティには重要なことだった。それでどうなったかというと、子供たちは全員フランスに帰ってきたの。アルジェリアでの生活が我慢できなかった。いま彼らは不法滞在者で、フランス人でさえないの。これからいったいどうなるのかしら？」

移民世代のターニングポイント

様々な事情が重なって廃止された帰国奨励制度。その実態はどうだったのか、次に一つ例をあげよう。この話をしてくれたのは、モロッコ出身のフランス人男性で、高校で社会経済学を教えているラルビー・バルバルである。彼は勉強のためにフランスに来て、自国の王室主義に反対する政治的選択からフランスに留まることを決意した。

「僕の知り合いに、ミュルーズのプジョー工場で熟練工として働いていた一人の移民がいた。彼はモロッコに帰るつもりで、国に家を建てたんだけど、一年に一カ月しか行けなかったから、その間空家にしておくと不法占拠されるので、モロッコにいる義理の姉に住んでもらっていた。ミュルーズでは団地に住んでいたんだけどね、モロッコに家を建てて、フランスで成功したのを見せたかったんだ。ところが、その家を売ろうとしたとき、お金をモロッコからフランスへ送金するのはほとんど不可能なことがわかった。モロッコへは送金できるんだけど、国外への持ち出しはダメなんだ。彼はそんな制限があるのを知らなかった。彼のように、いつか国へ帰ろうと思っていた人たちがまだたくさんいる。そういう人たちはいま退職しているんだけど、子供たちはモロッコへ帰ろうなんて考えてもいない。彼らはフランスで生活したいと思っている。だから父親たちは嘆いている。『モロッコで、子供たちがいなくて、女房と二人だけでどうして生きていけるかい？』。これが前の移民世代の悲劇だ。結局、彼らはゲットーから抜け出せない。三十年間あくせく働いたあとも、ゲットーにいることになる。退職したら帰ろうと思っていたのに、ここにいなきゃいけなくなる。これが移民の一世と二世の大きな違いだ。第二世代は帰ろうとは思ってもいない。僕が、移民の歴史でこの世代がターニングポイントになると考えるのは、そういうわけだ」

私はここにいなければならないの！

ミリアムはトーゴ人の女性で、40歳代。正確な生年月日を知らない。パリのブルジョワ地区で家政婦をしながら、13歳の息子（父親はガーナ人）を一人で育てている。彼女は私に、自分のドラマを涙をこらえながら語ってくれた。

「私は00年の4月に、五年ぶりにトーゴへ帰りました。実はね、家を建ててもらっていたので、それを見たかったの。94年から、私はおじに貯金を全部送っていたの。家の支払いを終えるのに、息子名義の郵便貯金も解約したわ。おじに電話をすると、家のことは全部自分がやっている、後は電気をつけるだけだから安心しなって、そう言っていた。

私はいまフランコンヴィルのヴァル・ドワズ地区に住んでいます。仕事は家政婦で、15歳のときにご主人一家に連れられてトーゴから来てずっと家政婦です。時給でもらっているので、そんなに稼げませんけど、何とか節約してお金を貯め、自分の小さな家のために定期的に国に送っていたんです。それが……トーゴの首都のロメに着いたとき、おじがお金を全部ポケットに入れていたのがわかったの。何もなかったの、土地も、何も！　本当に泣きました。あまりのショックにマラリアになってしまった。四十一度も熱が出て、震えが止まらなくて、入院させられたの。自分でも死ぬかと思ったわ。六年間、あれほどの思いでお金を送っていたのが無駄になったと思ったら、病気になってしまったの。でも、あのとき見に行って本当によかった。じゃないと、あのままおじにお金を送り続けていたと思う。いまはスッカラカンです。私は最後は国で死にたくて、それで小さな家がほしかったの。こうなったらどうしたらいいの？　私はここにいなければならないの。私にどこへ行けって言うの？」

僕は自分でここへ来て、全て気に入っている

次はラジオ・フランス・インターナショナルで仕事をしているアハメッド・ベンラアード、47歳の考え方である。「僕はアルジェリア生まれで、18歳のときにフランスへ来た。国を出ようと決心したのは16歳のときだった。父は、その前に大学入学資格を取ったら行ってもいいと言ってくれた。だから、僕は二年待ったんだ。僕にとっては、フランスは住めば都だよ。だって、自分で選んでここへ来たんだからね。アルジェリアでも、フランスの文化に浸っていた。僕はフランスで生活するよ。気に入っていることがたくさんあるからね。そりゃあフランス社会にも近東社会にも批判はあるけど、それでもね。僕は強制されてここに来たんじゃなく、自分の選択で来て、全ての部分で気に入っている」

人種差別より混合社会について話した方がいい

「いまの時代、全く意味のない言葉があるね。僕は、人種差別という言葉を使いすぎるのは好きじゃない。もちろん、どこへ行ってもバカはいるけれど、僕はフランスの人種差別主義者はマイノリティだと思う。人種差別より、混合社会について話す方が僕はいいな。皆社会的に分断されているんだもの。同化した外国人は多いけど、社会的経済的なカテゴリーはまだあるでしょ。イギリスでは、文化の違いを認めたうえでのゲットーがある。フランスでは、共同体より個人の利益の方を認める。それも僕の観察では、ますますゲットー化の方向になっているね。

アメリカ合衆国やイギリスと違って、フランスのゲットーは社会階級に近い。つまり、貧しい人が同じ地区に留まっている。こういう分断化がいま進みつつある。大都会にゲットーが増え続け、そこから出るのに成功した移民がいる一方で、仕方なくそこにいる移民もいる。

移民のイメージは変わったね。以前は、国へ帰ろうと思っていたのが移民だけど、74年以降、定住するようになって、もう一時的な通過ではなくなった。行ったり来たりの移民はもうなくなって、皆まずここにいることを考えている。いつか帰ろうと、廊下にスーツケースを置いたまま三十年いたとしても、それは仮想でしかないからね。それでも帰国を視野に入れて、皆小金を貯めていた。いまは帰るとしたら、向こうで埋葬されるためだ。ポルトガルの移民もいたけど、結局、国へ帰った人は僅かでしょ。移民はここに落ち着いて、いまや第三、第四世代にならんとしている。だって、三十年もたったら、向こうには友だち一人おらず、生活しているのはフランスで、友だちも家族もここにいるんだから。退職した移民の多くは残っている。こんなに残るとは誰も考えなかったんじゃないかな。

でも、フランスにいて幸せな人もいるってことを忘れちゃいけない。そういう人は何かをするためにここにいるんだ。フランスにもいいところはたくさんあるよ。それから、ここで成功して、違う人生を送ったり、一生懸命働いている人たちを見つけるようにもしている。成功した人は、社会で安定した地位を築くために、目立たないようにしているものさ。こういう第二、第三世代はあまり問題がない。ただし、移民を見る目は、50年代からちっとも変わっていないね」

移民との共同生活は社会の落伍者の象徴？

フランス人にとって、移民と同じ地区で生活することは、だんだんと社会の落伍者、はみだし者の象徴になった。社会学者のアブデルマク・サヤドが書いているように、移民のいる地区は軽蔑されて価値が下がり、同じところにいると「尊厳を傷つけられ、屈辱的な」気持ちになるというのだ。価値の下がった地区は土地の値段も下がり、不動産市場での魅力もなくなる。これが、移民の多い地区にいて、社会の落伍者になったと感じている「白人たち」の悲劇である。それは庶民階級に多いのだが、人間が溢れかえった状態がどういう結果を招くかについては、ブルデューが『世界の悲惨』のなかで見事に描いている。「ジョンキユー通り」というタイトルのこの項は、芝居にもなったが、ブルデューはそこで、アラブ人が増えて地区が国際化するにつれ、土地に価値を求める人から見ると、地価が下がっていく現象を描いている。

移民とフランス人の共同生活とはどんなものか、「問題を起こす」アラブ人の家族の少女が語っている。隣のフランス人家族との騒々しい関係が、少女たちの飼っている猫を通して浮き彫りになる。そのあたりは熟知のうえで、「お隣が文句を言っているのは猫にじゃない。私たちになの」と、彼女は淡々と説明する。隣人が三匹の猫と称して「群れ」という言葉を使うのは、静かな住宅街にしたい地域の価値を落とした、大家族への当てこすりに他ならない。

やはり問題を起こすと言われる家族の少年の話を引用しよう。「色々なことがあって、わかったことがあるとしたら、それはね、あの人たちは僕たち家族にここにいてほしくないってこと。ただそれだけさ。いていいとしても、顔を合わせちゃいけないし、姿を見せるのもダメ。猫も犬も、外へ出るのも、公園も、子供もダメなんだ。僕たちだって自分の家にいるんだよ。親のそばにいちゃいけないって言われてるみたいだ。そう、結局はそうなんだ。僕たちの場所じゃないのは、家や地域や町だけじゃなく、この社会全部がそうなんだ。だけど、僕たちは全員、男の子も女の子もフランス国籍を持っているんだよ。それをあの人たちに言ってやりたいよ。でも、どうしても言えないけどね。ひょっとしたら喜んでくれるかもしれないけどさ」

あんまりだ！　寛容の限界？

ではここで、アラブ人を嫌っているフランス人の話を聞こう。アンドレは郵便局を退職した62歳。元ド・ゴール派支持で、目標を失って以来、選挙では極右翼のル・ペン率いる国民戦線に投票すると説明していた。「アラブ人は昔からいた。しかし、三十年前に破壊的行動をして、小さくなっていた。ところがいまは、アラブのガキがごろごろいて、私はもう自分の国にいる気がしない。多すぎる、あんまりだ！　前は、移民といえばスペイン人かポルトガル人だった。いまのアラブ人のように道に唾を吐いたり、エレベーターのなかで小便はしなかった」

モロッコ出身のフランス人作家で、ゴンクール賞を受賞したタハール・ベン・ジェルーンは、著書『フランスのホスピタリティ』(84年刊、邦題『歓迎されない人々』晶文社、94年刊)のなかで「寛容の限界」という言葉に触れ、遠まわしな悪意を感じると異議を唱えている。同じ外国人でも、文化によって外国人とみなされない人がいるというのだ。「寛容の限界という言葉は、異なる文化と人間が共存するのは不可能だということを、学問の名を借りて、堂々と正当化するための建て前にすぎない」

彼は、ユダヤ-キリスト教文化圏のポルトガル人やスペイン人の移民と、イスラム圏から来た移民を区別、前者は許容されやすいのに対し、後者は違いすぎると思われていると指摘する。そのうえで視点を変え、ヨーロッパの移民が他の移民より順応しているのは、彼らがより受け入れられていると感じているからだと述べている。

現在のマグレブ人はフランス人に近すぎる

一方、こんな見方もある。ベルナールが著書『移民』のなかで書いているように、現在のマグレブ人はフランス人に近すぎ、それが逆に人種的偏見を強くしているというのだ。「十九世紀に歴史家トックヴィルが行った画期的な分析と、それを掘り下げた社会学者ブルデューによると、移民への反感は、社会的格差が薄らぐにつれ倍増し、特にそれは過去に植民地だったところの人々に対して抱かれる。過去に支配されていた者が同化するにつれ、支配していた者は本質に基づいた違いから、距離を作ろうとする。こうして逆説的に、近づくことで人種的偏見が強くなる。アフリカ人やアジア人と違って、現在のマグレブ人はフランス人に近すぎ、異国情緒を感じさせない。しかし、同化できない存在としてつまはじきにする違いは十分にある」

僕は人種差別主義者だ

最近は映画でも移民問題がよくテーマになる。現在のフランス社会が抱える問題を辛辣に描いた映画、女性監督コリーヌ・セローの『男と女の危機』(92年)もその一つで、主人公のフランス人ミシューは、パリでも問題の地区サン＝ドゥニの宿無しとして登場し、庶民階級で日常的に行われている人種差別について語る。彼は、経済的にも社会的にも外国人と近いフランス人こそ、外国人嫌いの行動をとるという例である。では彼が、パリ西部の高級住宅地の一つ、ヌイイの豪邸に住む社会党議員と会ったときの、長い会話の一部を紹介しよう。

「僕が思うに、サン＝ドゥニよりヌイイに住んでいる方が、簡単に人種差別に反対できる、そう思いませんか……。例えば僕、僕はサン＝ドゥニに住んでいて、いいですか、人種差別主義者です。そして、例えばあなた、あなたはヌイイのこの豪邸に住んで、人種差別主義者ではない、どうです……?

そうですよ……はっきり言って僕は人種差別主義者だ。僕は、外国人と一緒に生活しているから、我慢できない。奴らは何もしない、汚い、車を盗む。フランス人より優先的にアパートが与えられ、色々な手当をもらって僕たちより金がある。学校は学校で、70％がフランス語一つ話せない外国人のガキだから、僕らのガキは何も学ぶことがない。頭にスカーフを巻いて来る子にもウンザリだし、おまけに、奴らのためにモスクを建てるお金まで払わなきゃならない。もうウンザリだ。

僕の知っているサン＝ドゥニのアラブ人ときたら、皆四、五、いや六部屋もあるところに住んでいる……。子供が多いから、当然だってさ。

そりゃあ僕は、地球の四分の三はクソみその状態なのはわかっている。だから奴らは、あまりクソみそじゃないところ、いいですか、つまり、僕たちの国へやってくる……。そうするとどうなるか、誰かが奴らのために場所を空け、食いものを与えなきゃならなくなる、そりゃそうでしょう……、しかし、いままでのところ、奴らのために場所をどかされたのはサン＝ドゥニの人間で、ヌイイの人間じゃない……。おまけにサン＝ドゥニの人間は、場所を空けなくちゃならないのに、笑っていなきゃならない、じゃないと不道徳とみなされる」

ここで全てが語られている。住居の問題から、地価の下がった地区、外国人の増えすぎた学校、イスラム教徒の子女のスカーフ事件、大家族に優先的に支給される様々な手当や援助……。映画では、偶然の成りゆきで宿無しのミシューが左派の代議士、ここでは「贅沢な左派」を象徴している人物に会ったことをつけ加えておこう。インテリではないミシューの無邪気な口から真実が語られたように、裕福な地域に住んでいれば、寛容と受け入れの国フランスが理想とする、「違いを認める権利」を使いこなすのはより簡単だ。裕福な地域で顔を合わせる外国人は、お金があり、教育も受けているから、礼儀正しく、「つき合ってもいい」人たちになるが、サン＝ドゥニに流れつく外国人はお金もなく、大家族で、騒音や音楽など、迷惑なことばかりなのだから。

同じことを、カメルーンの作家、カリクスト・ベヤラは、歯に衣着せぬ言葉で次のように語っている。「人種差別に苦しんでいるのは、金持ちではなく、貧乏人の黒人である。パリの一等地、16区に住んでいる白人化した黒人は、人種差別など感じていない。彼らは金を持っている。望み通りディオールに身を包み、贅沢な豪邸と、オペラ、高価な骨董品の世界に完全に同化している。人種差別はまた、いやとりわけ社会階級の問題だというのは、それが理由である。幾つもの階級が層になった社会が、人間を金持ちと貧乏人に分けているだけだ。黒人にアパートを貸さないのは、大多数の人の記憶のなかで、黒人＝貧しいというのがあるからだ。良識ある銀行家なら、ホームレスにお金を貸さないのと同じである」

皆で一緒に苦労したから？

映画『男と女の危機』のなかに、感動的なシーンがある。それを見ると、フランス人とアラブ人の共同生活は可能なだけでなく、恵まれない地区に住む者同士の共通の体験を通して、年月とともに連帯感が生まれてくるのがよくわかる。そして、自分で人種差別主義者だと言っているミシューのようなナイーヴな男が、結局、本当はそうでもないことがわかるのだ。こうして映画の後半で、ミシューの兄の妻、ジャミラはアラブ人で、母親を亡くしたミシューを自分の息子のように育てたこともわかる。また、病気で寝たきりのジャミラを看病するために仕事をやめた夫が、RMIの支給を認められたのを祝って、乾杯しにやってきた仲間は全員、同じ階に住むアラブ人の仲間であることも。ここで、前に人種差別主義者だと自分で言っていたミシューが、みるからにアラブ人と親しくしている矛盾を、彼がどう正当化しているか見てみよう。

「もちろん、僕は人種差別主義者さ。本当だよ。でも、ジャミラには違う。ジャミラは兄貴の奥さんだし、それに、まず僕を育ててくれて、僕の母さんのようだし……。ああ、でも、アラブ人は虫が好かないってのは本当だよ、でも、ジャミラは別だ、ジャミラはアラブ人じゃなくて、女の人で……、奴ら、モハメッドとファリドは、小学校からの友だちだから、これも違う、奴らは……」

人種差別は双方から

人種差別はまた、双方から見てとれる。ジャミラはフランス人の男性と結婚したことを家族に許してもらえず、勘当されたあげく、子供たちも母方の祖父母に会っていなかった。

そのあたりの事情を、彼女の夫がアラブ人の二人の友人に語っている。「ふん、もう三十年間もジャミラの家族は娘に会おうとしない、アラブ人のバカの人種差別主義者め、一発食らわしたいところだ。バカじゃないか？　あんたたち、アラブ人の口から本心を言ってくれ！　フランス人と結婚したからって、娘を追い出すのはバカじゃないか？　母親は、娘のジャミラの顔を見ずに死んじまった、俺たちの息子も、25歳で死んで、おじいちゃん、おばあちゃん、おじさんおばさんにも会ったことがなかった。え？　これでアラブ人はバカじゃないって言うのか？　アラブ人はバカだ！　バカじゃないのは……ジャミラと、あんたらと、俺たちと一緒の階段BとCを使っているアラブ人の仲間と、D階段もそうだな……、それと食料品屋、それだけだ」

そしてミシューがつけ加える。「他にあと二人いるよ。そんじゃ、アラブの仲間に乾杯……」

社会の二元化で、「イン」か「アウト」

『人種差別の国、フランス』（92年刊）のなかで、ミシェル・ウィーヴィオルカは、社会の二元化現象について触れている。つまり、疎外され、失業している者の世界（移民が圧倒的に多い）と、仕事をしている者の世界の間に溝があり、その溝は深くなる一方だというのだ。それについて彼はこう語る。「工業生産社会では、人は上になるか下になるかだったが、それぞれに立場があった。社会の二元化とは、上か下かではなく、中か外、『イン』か『アウト』かということだ。そういう形ができると、インの人間は、アウトの人間——移民が多いのだが——には近寄らないようにする。必死に努力して、疎外されないよう、社会的に失墜しないようにする。

そしてアウトにいる生粋《きっすい》のフランス人は、社会の一員でないというレッテルを貼られ、インとの距離が更に遠ざかっていく」

人種差別の主な犠牲者はマグレブ人、ブール、アフリカの黒人

人種差別については、フランス人より、その対象となっている当事者、移民などの外国出身者に聞くほうが適切だろう。96年に『ヌーヴェル・オブセルヴァトゥール』誌とフランス・アンテール、ラジオ・フランス・インターナショナルが共同で行った調査によると、人種差別の主な犠牲者はマグレブ人で（外国人の78％、外国出身フランス人の86％がそう答えている）、その後にくるのがブール（それぞれ66％と75％）、そしてアフリカの黒人（同じく60％と67％）。続いてジプシー（20％と30％）、ユダヤ人（19％と18％）、アンティル諸島人（13％と19％）、アジア人（9％と12％）、地中海沿岸のヨーロッパ人（5％と4％）の順である。

この調査からわかったのは、回答者の実に二人に一人が、言葉や行動による人種差別の犠牲者になっていることと、更に深刻なのは、最も人種差別的な国の機関や組織として、ル・ペン率いる「国民戦線」と「警察」（国民戦線に対してはそれぞれ90％と94％、警察に対しては70％と82％）があげられていることだ。国民戦線は、党首のジャン＝マリー・ル・ペンの基本姿勢が外国人嫌いなので（地方選のスローガンは「フランス人、熱烈に！」だった）、そのパーセンテージには驚かないが、心配なのが警察の数字。危険な地区に乗り込もうとしない警察は、「シテ」（郊

外地区＝大都市の周りで移民が多い地域）の若者たちの敵ナンバー・ワンになっている。

この調査でもう一つ明らかになった面は、人種差別との闘いでどこに救いを求めているかである。それに対しては、外国人の81％、外国出身フランス人の86％が、「ＳＯＳ人種差別」のような団体と答え、以下、学校（それぞれ77％と78％）、宗教機関（64％と56％）、知識人、思想家（61％と63％）、労働組合（56％と53％）の順。しかし、メディア（39％と31％）や政府（36％と34％）、企業（29％と20％）、政党（26％と25％）は後にくる。

若者の間の不安

パリ郊外の「熱い」地区、サン－ドゥニ出身のラップのグループＮＴＭ（Nique Ta Mère「マザー・ファッカー」の意味の略語）は、辛辣な歌詞で人種差別や警察、国民戦線を攻撃し、注目を浴びた。トゥーロンで国民戦線の市長が選ばれて数週間後、ＮＴＭは、反対派が主催した「自由のコンサート」に出演し、会場で警備にあたる警官たちに、次のようないやらしい言葉を浴びせかけた。「ケツをほってやる、正義に小便こいてやる。警察はファッショだ……。ファシストはトゥーロンだけじゃねえ……。こいつらは危険、オレたちの自由が危ない……こいつらに小便こいてやる」
ＮＴＭの歌詞は、若者を暴動に走らせたとして非難された。例えばこんな歌詞「サツを地下鉄の通路に追いつめる／それが夜になったときのジョイ・ジョーの夢／オイラに弾をくれ、サツをやっつけたい／オイラに銃をくれ……」、更に、映画『憎しみ』のサウンド・トラックに出てくるこんな歌詞「サツ殺し、サツのアホ／サツ、正義殺し、マザー・ファッカー／オレが最後に会った判事は、町のディーラーよりたちが悪い」、そしてまた「おい、放火すんのに何してんだ？」というリフレイン。

歌詞というより暴言集だ。グループはＮＴＭの略語の意味を「マザー・ファッカー」から、「Nettoie Ta Mobylette（お前のバイクでも掃除しろ）」に改名、「マザー・ファッカー」にしても、若者が「どこへでも行け！」というときに使う言葉で、「警察を侮辱しても暴動にはつながらず」、「いずれにしろ、郊外では皆こんな話し方をしている」と説明したが、96年11月、リーダーの二人が三カ月の実刑判決を受け、歌手として六カ月のプロ活動の禁止を言いわたされた。

当時、文化大臣だったジャック・ラングはさっそくこの問題を捉え、神聖なる表現の自由を守るべく、なんと大歌手ブラッサンスの名をあげた。ブラッサンスは彼らより先に「オマワリに死を、無政府主義万歳！」と歌い、社会の上下関係を攻撃していたと弁護したのだ。しかし、ＮＴＭの「三色旗に小便こくために、若者は時間きっかりにここにいなきゃならない、アホ政党のクソ国旗……奴らが死ぬのを見たいものさ」より、ブラッサンスの歌詞の方が本当にひどいのだろうか？

ＮＴＭのラップ歌手の一人、クール・シェンは、『リベラシオン』紙のインタビューで、「政治家は郊外の若者とは全く違う世界に生きている。そんな連中が郊外に視察に行った話を聞くときほどイラつくことはない」と説明する。「なぜなら、行けばいいってもんじゃないからさ。そこで実際に生活してみることが重要なんだ。金がなく、高層団地の下をみりゃガキがうろついているという状態でね」。

彼はまた、「オレのような人間に言わせると、政府が右でも左でも同じことさ。この活気のない世界にいると、爆発するのは当然さ。政治家は皆完全にズレている」と語り、自分たちに世界を変える力はなくても、歌手として、若者たちをほんのちょっと慰めようとしているだけなのだと説明する。しかし、慰めるという言葉はどう考えてもピンとこない。なぜならここの若者たちは、生きていく不安を表現する手段として、警察を相手にストレスを発散するしかないと思っているのだから。

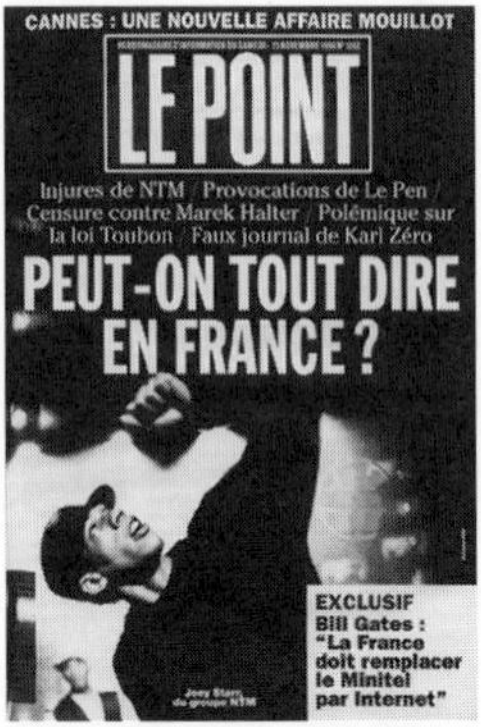

『ル・ポワン』1996年11月23日
NTMのジョーイ・スタール

この一連の動きに対して『ル・ポワン』誌は、「歴史上初めてフランスは、人種と、倫理あるいは文化が重なりあった社会危機に直面した」と、控え目な論調でコメントしている。

93年に発表されたNTMのアルバム『引き金を引く』は、先の『警察』という曲が問題になって発売禁止になったものの、95年の暮れに出された三枚目のアルバム『爆弾の下のパリ』は大ヒット、十五万枚を売り上げて、初の「ディスク・ドール　金のC

D」賞に輝いた。NTMの成功は、若者の間で不安が高まっている徴《しるし》なのだろうか？

外国人にも偏見がある

先の移民など外国出身者を対象にした合同調査に戻ると、自身の人種差別意識はどうかという問いに、12％の外国人および18％の外国出身フランス人が「どちらかというと」または「少し」人種差別主義者と告白、「それほどでも」または「全く」人種差別主義者ではないと答えたのは、それぞれ82％と81％だった。

面白いのは、彼ら自身にも偏見があるということだ。45％の外国人と、48％の外国出身フランス人が、フランスにはマグレブ人が多すぎると考え、アフリカ人が多すぎると思っているのはそれぞれ44％と39％、アジア人が多すぎると思っているのは25％と22％。これは95年11月、フランス人を対象に行われた調査で得られた数字（それぞれ64、34、27％）とそれほど大差がない。

私も忘れられないのは、西アフリカの内陸国ブルキナファソの女性の言葉。息子をカナダで勉強させた彼女は「フランスでアフリカのごろつきと接触させせないためよ」と言っていた。あのケダドゥーシュも、EUに賛成するマーストリヒト条約に投票するとき、母親を説得するのに大変な苦労をしたと話していた。「母は、フランスに外国人が来すぎるのが不安だった」

ジャーナリストのアクラム・エリアスは、「パリ郊外、マンモス団地の町サルセルに見る共同体の後退」という記事のなかで、国民戦線のル・ペンが、モロッコやアルジェリア出身の家族にも入党を呼びかけていると書いている。対象となっているのは、「町をきれいにする」ためならばと、堂々とル・ペンの政党に投票すると表明している人たちだ。

それでも大半は同化を選択

さて、同化か帰国か、どちらが好ましいかという質問には、外国人の大半は同化を選択すると答えている。その中味を見ると、外国人の88%はフランス人と混ざりあった地域に住みたいと考え、62%は子供を宗教色のないフランスの公立学校に入れたいと思っている。それに対し、祖国の習慣や宗教を教える学校に入れたいと思っているのは26%。また、49%が子供にはフランス人になってほしいと思っているのに対し、祖国の国籍を守ってほしいと思っているのは26%。更に、子供に同じ国の人と結婚してほしいと思っている人は39%(48%は回答なし。前もって考えたことがないのかも)。「祖国に仕事があれば帰りたいと思うか」という問いには、帰りたいという人が36%に対し、フランスに残りたいという人は56%だった。それでも51%は、退職したら国に帰りたいと思っているようだ。

アラブ風の名前は非常にハンディ

93年11月に、『ヌーヴェル・オブセルヴァトゥール』誌ほかのためにフランス世論調査会社が行った調査によると、ブールの若者で人種差別の犠牲になっている、あるいはなったことのある者は、職探しで43％、ナイトクラブなどで39％、警官との間で38％、他の若者とで35％、家探しで29％、学校で29％、職場で18％となっている。男性と女性では、明らかに男性の方が被害者で、60％が町で警官に人種差別をされているのに対し、女性は15％である。また、生活様式や文化では、フランスと両親の国とどちらを身近に感じるかという質問には、男女合わせて71％がフランスの方が身近と答えている（無宗教に限ると、女性の77％、男性の88％）。

01年2月8―14日号の『ヌーヴェル・オブセルヴァトゥール』誌の記事、「フランス式人種差別」によると、ジャメルやファリド、モハメッドといったアラブ風の名前は、職探しや家探し、学校では非常にハンディで、本人に人脈やコネが全く欠如していることから悪循環に陥り、そこから抜け出すのがますます難しくなるという。

第三章　ブールのアイデンティティ

両親の因縁を背負っている

　では、ブールのアイデンティティとは何だろう？　それを考える足がかりとして、前述のアルジェリア人の女性ジャーナリスト、ヌアラ・ベナイの言葉を紹介しよう。

「ブールのアイデンティティ？　私は、問題はこのアイデンティティという概念からきていると思うの。彼らは、移民の子供なのに、永遠に移民と見なされている。なぜなら、親たちが認めてもらえなくて苦しんだことを、彼ら自身も苦しんでいて、それを無意識に背負っているからよ。そこにはちょっと精神分析学的な面がある。そして、その親の歴史はフランスではなく、祖国にあるということね。経済的なものは全てここで築いたとしても、親の世代は、私の考えでは、別の尺度で自分たちの親の生き方を真似ている。でも親の場合はそういう生き方しかなかった。戦争をして、祖国を捨てたんだから……。

　この問題は、旧フランス植民地の国の人にとってはもっと深刻。そう、アルジェリアが他の国と違うのは、そこに一種の愛と憎しみ、怒りと情熱が混ざりあった感情があって、それがまだ癒されていないことなの。子供たちは、自分の国の文化を生きていないから、どこかで、両

ヌアラ・ベナイ
© JÉRÔME PLÉ

親が背負っているものを背負うことによって、罪悪感から逃れようとする。つまり、自分たちはフランス人じゃないと思おうとする。特にアルジェリア人の場合、占領によって自分たちのアイデンティティを奪われたと思っているから、そこが他の国と違うところね。アルジェリア人は皆、百三十年間フランスの植民地だったことを忘れてはいない。それはもちろん辛い期間だったけど、同時に、経済的には、いまより繁栄していたと言う人もいる。そりゃあなかには、植民地時代を懐かしがってはいけない、アルジェリア人のアイデンティティが何より大事だという人もいるけれど。この怒りが頂点に達したのが、アルジェリア戦争、独立戦争なのよ」

不安定な状態

「アイデンティティが損なわれた状態で、しかも無意識に祖先の歴史を背負っていると、とても前へは進めない。お尻が二つの椅子の間に挟まれているようで、不安定な状態だからよ。アルジェリア移民の二世も一世と同じように、いつかは国へ帰る夢を描いている。現在の状況を見るとそれも難しくなっているけれど、それでもアルジェリアに家を建てて、帰る人はいる。

いま私の両親はアルジェリアにいるの。向こうへ帰ったの。病気になったときは治療でフランスに来たけど、居場所は完全に向こうなの。ところが私の居場所は、どう考えても向こうじゃない。絶対に考えられない！　私はアルジェリアで生活しようとは一度も思ったことがない。でも、他のアラブの国なら何とかなると思ったことがあるから、私はこの問題を避けてきたと言えるかも。89年に私はカイロに行って勉強した。カイロで生きようと決心して、身を落ち着けたの。でも、結局、あの社会に耐えられなくて、それでフランスへ帰ってきた。私はここで生きることを選んだの。他の国でも生きられるし、多分今度はそうするでしょうけど、私がここにいるのを非難されたくはないわ。自分で選んだんですもの」

ザイールは完全にフランス人ね

「私は、同じアルジェリア移民の子供のザイール・ケダドゥーシュのように、皆があやって簡単に祖国から離れられるとは思わない。私に言わせると、ザイールは完全にフランス人ね。これはまた別の問題なの。ザイールは、独立戦争のときにフランス側についたアルジェリア人『アルキ』の子供だと言って非難された。本当はそうじゃないんだけど、アルジェリア人から見るとアルキは裏切り者なのね。ここでもまた、子供たちが親の歴史を背負っている。アルジェリアに関しては、他の国とは全く違う問題がいつもある。

ザイールは、私と同じカビリア地方にルーツがあるけれど、アラブ語を話せなくて悩んでいるんだと思うわ。アラブ語にちょっと憧れがあるんじゃないかしら。これは批判じゃないのよ、それについて私は彼と話したことが何回もあるの。私たちの世代は両親のアラブ語やカビリア語は理解できるけど、返事はフランス語。私は違うわよ、私はカビリア語を話せる。間違いは多いけど、母とはカビリア語で話している。一般に、父親は社会と接触しているからフランス語を話すけど、母親は家にいるからフランス語が使いこなせない。買い物をするぐらいは大丈夫だけどね。親同士はアラブ語で、母親は子供にアラブ語で話し、子供はフランス語で答えるというのがほとんどね。

ザイールの場合、アイデンティティがはっきりしないのが問題なの。だから、私たちのプロジェクトに参加してもらおうとしたら、彼はとても感動していた。なぜなら、どこかで彼はアルジェリア社会に認めてもらいたいと思っているからよ。フランス社会では、彼はアルジェリアを武器にして認められたけど、アルジェリア社会では、フランスを武器になどできない。完全に、純粋にアルジェリア人として向き合わないと、受け入れてもらえない。ザイールはアルジェリア人にはなれない。それでも、彼の仕事は、直接的じゃなくても常にアラブの問題と関係がある。

だから私に言わせると、彼もまたアイデンティティを損なった人の例になるの。社会的な活動のなかで、どこかで両親の生きてきた苦しみを償おうと、アルジェリア人としての旗を振り上げているけれど、彼は完全にフランス人ね。『ザイール・ル・ゴーロワ』という本を自分でも書いたけど、彼はゴーロワ、フランス人の祖先のガリア人よ。完全に矛盾している。彼はそれで苦しんでいる。だって、彼の方はアルジェリア人に認めてもらいたくてしょうがないのに、アルジェリア人の方はアルキだと言って無視しているからよ。確かに、アルジェリア人はアルキの子供が嫌いで、代償を払わせようとする。ドイツ人と少し似ているわね。ドイツ人のお父さんを持った子供もうまくいかない。ナチスの歴史があるから、嫌われる。問題はちっとも解決していないの」

僕は生粋のフランス人にはできないことができる

ではここで、やり玉にあがったケダドゥーシュに自分の考えを述べてもらおう。

「そうだね、ある人から見れば僕はアルキだ。でもそれは狭量だ。と同時に、つまはじきだと思う。未だに僕のしていることは理解に苦しむとか言って非難されるんだからね。僕がどうやってきたか？　自分の共同体を批判することで抜け出してきた。特にイスラム共同体は閉鎖的で、オープンじゃない。一生イスラム教でいなきゃいけない。だから、僕がいまいるのは、この共同体に自分たちの非を認めさせるためなんだ。僕は他の人が言えないことを言える。つまり、生粋のフランス人ならとても許されないことを言えるし、できるし、ある種の行動も許される。フランス人だったら即、人種差別のレッテルを貼られるよ。僕はこの力がわかった。

確かに、僕はアルジェリア人の社会ではよく思われていない。おまけに仕事をしたのが右派政権だったからね。マグレブ人だとこの政党はダメとか、まるで政治に人種の色合いがあるようだ……。『ザイール、ガリア人』と僕が言ったことが、ある人に言わせるとイスラムとマグレブ共同体、アラブ人への侮辱になる。僕の名前はザイールだけど、もし僕が『モハメッド、ガリア人』と言っていたら、預言者を汚したことになる。僕は社会の混合を推進するけど、反対する彼らは考え方も純正でなければいけない。だから、彼らに言わせると僕は不純。何といっても宗教を信じていない。いや、大半のフランス人と同じで実践していないし、信じていない。でも僕は宗教自体は大いに尊重している。これまで、普通の条件でイスラム教が実践できるよう、熱心に主張してきた。これは矛盾じゃない。自分たちの宗教が実践できるよう、モスクを建て、フランスのイスラム教徒全てにふさわしい条件を与えるのには賛成だ」

郊外の問題は、雇用の問題

「僕はアルジェリア移民の子供だ。父は、僕は知らないも同然だが、ゴミの収集人だった。同化の問題が出てきたのは最近だね。フランス社会が子供たち全てにチャンスを与えるにはどうすればいいか？　我々は都会の危機に直面していて、かなりの地域が崩壊している。この世代をシステムから排除しないためにはどうしたらいいか？　例えば僕の家族のように、六人の子供のうち、僕一人しか成功しなかったのはなぜなのか？　マグレブ出身の子供たちの問題が全て問われている。なぜ、僕の五人の兄弟姉妹は挫折したのか？　都会の危機の現象はフランスへの挑戦だ。どうすれば集団ではなく、個人それぞれにチャンスが与えられるか？

都会の暴力については、警察は一から八まで分類して表にしている。一は侮辱的な言葉で、八は暴動だ。八のケースでは、地域は閉鎖され、誰も入れない。特に警察はね。若者と警察の関係は対立して、いがみ合っている。いまの若者の暴力行為は新しい現象と言えるね。僕が教師をしていたときも暴力はあった。これら小さな暴力のなかで最も耐えられないのは、無作法な行為だ。文部省は、この常に治安が脅かされる感情に対処して、対暴力計画の実行を決めた。更に、教師に以前のような権限がなくなったことにも触れないといけない。家庭でも、子供たちは両親を尊敬しなくなり、力で脅すこともよくある。

しかし、郊外の問題は、何よりもまず雇用の問題だ。セーヌ＝サン＝ドゥニ地域では、25歳以下の若者の二人に一人が職がなく、何もしていない。ゲットーが作られたのは、生徒の95％がアラブ出身といった、多民族中学の生徒たちによってだった。ゲットーができて、暴力が激しくなった。セーヌ＝サン＝ドゥニを見ると、学校の成績は最低だが、フランスでＲＭＩを支給されている者が一番多いのもそこだ。

個人的に僕は、スポーツの力を信じている。僕らは皆潜在的に暴力的で、本当に野性的だった。ところが、スポーツをした奴は全員、立ち直った。僕らの家庭にはルールがなかったけど、スポーツをしたら審判がいて、ルールを守らなければいけない。審判の言うことが法律なんだ。集団でやるスポーツは、模範的な行動のルール、体の衛生面でのルールを身につけさせる。僕らの大部分は、家にシャワーがなかったから、スポーツがなければ体をきれいにする習慣も身につかなかった。サッカーの大スター、ジダンを例にあげてもいい。彼はこう言った。『私は勉強は失敗したが、人生は成功した』ってね」

なぜ「同化」という言葉でわめくか？

ところで、現在、盛んに使われている「intégration 同化」という言葉にも色々と問題がありそうだ。ケダドゥーシュは著書『フランスとブールたち』のなかで、「同化」という言葉が登場したのは90年代で、それまで使われていた「assimilation 同じになる」や「insertion 溶け込む」に代わるものだったと説明する。彼によると、「同じになる」という概念は時代遅れで、なんとなく人種差別の響きもあると言う。言外に生まれや祖国を否定するニュアンスがあるからだ。一方、「溶け込む」は、ある型のなかに入って「見えなくなること」、と解釈されやすい。リヨン大学で心理学を研究しているモハメッド・ラルーは、「移住者に対し、自分のアイデンティティを忘れて他の人間になれと要求するのは、克服しがたいジレンマを生みだす。人は過去の自分を捨てることなどできないからだ」とはっきり言う。

また、前出のバルバルは次のように説明する。

「同化の問題が真面目に問われるようになったのは、経済危機が始まってからだね。あのときに外国人嫌いがあらわれた。そのなかには真実があって、それが時限爆弾のように働いている。

幾つかのゲットーでは、25歳以下の若者の失業率は50％にまでなっている。ゲットーがあらわれたのも70年代で、全ての問題が当時に遡《さかのぼ》る。これは映画『憎しみ』のテーマだけど、フィクションが現実になりうるんだ。

フランス人の側にはいっぱい努力しなきゃいけないことがあるけれど、それはただ第二世代の子供たちをフランス人とみなし、外国人と思わないだけで十分なんだ。同化という言葉が拒否されている理由はそれだ。この若者たちは『なぜ俺たちが同化するの？』と言っている。ここでほのめかされているのは市民権の考え方だ。彼らは、俺たちはフランス人だと言っている。同化という言葉を嫌う若者は、出身を非難されていると感じている。そこに、フランスが努力しなきゃいけないことがある。どういうことかというと、子供たちには絶えず、生まれた国に対して義務があると思わせている一方で、権利については決して話さない。彼らの憎しみの叫びはそこなんだ。『俺には義務がある。だが権利もある！』。こうして彼らは異文化の受容という問題にぶつかり、なかには脱落する者が出てくる」

モロッコではフランス人、フランスではブニュール

「若者たちは、父親たちがコマネズミのように働いて、僅かな給料しかもらわないのを見てきた。いくら働いても給料は増えない。大部分はＳＭＩＣ（全産業一律スライド制の最低賃金）で働いていた。この移民世代は、自分たちの生活様式を捨てようとしなかった。自分たちの宗教にしがみつき、女の子と男の子を分けて……というやり方を貫いた。同化も、フランス国籍の取得も拒んだ。なぜなら、移民の一世は国に帰ることを考えていたから、同化の必要はないとふんでいたんだ。それがもう第二世代には当てはまらなくなっている。モロッコでは、移民の子供たちは辛くあたられるね。なぜなら、フランスに移住する人たちは一般に、教育レベルの低い、無いに等しい田舎から来ているからだ。はっきりいうと、モロッコの社会にも同化できなかった人たちだ。そこへもってきて、第二世代に加わった新たな問題は、母国語が話せないことだ。子供たちがモロッコへ帰ると、さえないフランス人と見なされ、フランスへ帰ると『ブニュール（アラブ野郎）』になる。

結局ブールは、例えばモロッコへ行くと、自分たちはモロッコ人ではないと気づいて国へ戻ってくる。国といっても、彼らの育った地域で、フランスへ戻るというより、地域に戻るといったほうがいい。彼らに『どこから来た？』と聞けば、郊外の名前が出てくるはずだ。それがゲットーなんだ。郊外出身者は、それだけで烙印《らくいん》を押される。烙印を押されていないと感じるのは、生まれ育った郊外だけなんだ。市町村のなかには挑発としか思えないような処置をとったところがある。ディジョン市長のことだけど、彼は町の中心地で若者がグループを作るのを禁止した。公共の秩序を乱すという口実でね。遂にどうしようもない傷痕を残してしまった。これじゃあ、移民をゲットーに閉じこめるアメリカ社会そっくりだよ（これについては、社会学者、アーヴィン・ゴフマン『傷痕』63年刊、邦題『スティグマの社会学』せりか書房、80年刊参照）」

どのように若者に憎しみが生まれるか

「もう一つ例がある。マグレブの若者がスーパー・マーケットに入ると、すぐに警備員が後をつけ始める、特にＣＤ売り場へ向かっているとね。僕も一度つけられたよ。こういう社会的な嫌がらせが、彼らにはたまらない。それらが全部一緒になって、憎しみの叫びになるんだ。色々なことが積み重なって、時限爆弾が作られる。彼らは若者としても、フランス人としても受け入れてもらっていないと感じ、結局、仲間同士でしか打ち解けられない。それが若者の文化を生み出したんだけど、それについては社会学者ミシェル・フィズが非常にうまく書いているね。あれは全てブールの文化だとね。彼らの話し方、着方、動作、音楽……。

大きな問題は、移民の息子が社会から孤立すると、助けてくれる機関がどこにもなく、元には戻れないということだ。そこには知識のない両親の問題もある。社会制度を知っていて、後押ししてくれる両親もいるけれど、そんなことに興味のない親もいる。つまり、息子はルノーで流れ作業をしていればいいという親もいる。ところが息子はそうじゃない、違うことを希望している。息子はある程度の知識と教育があると思っているけど、実際はないに等しい。それは後になってわかる。国立雇用局に登録に行って、初めて現実に直面する。そこで資格がない、経験もないと言われる。アブデル・カデールという名前や、ジャン＝マリー・メグレという名前は、経歴が同じでも、ハンディだということがはっきりわかる。採用の際に、外国人であるハンディがあらわれる。マグレブの息子は大変な苦労をし、自分の民族が抱える問題を現実として捉えるようになる。彼は、仕事の世界で同化するのがもっと大変なことがわかり、ハンディを積みかさねていく。現在の教育制度に代わる何か、彼らの興味を惹きつけるようなものを展開しないといけないだろうな。その代わり、勉強で成功したら、仕事で同化できるチャンスは多くなる。大学卒業証書があれば、公共機関の試験も受けられる。外国人嫌いは少ないからね。全くいないとは言わないけど……。両親の経済力に頼っていられないなら、勉強で頑張るしかないね」

巧みな日和見主義で、アルキではない！

そんななかでも、ケダドゥーシュはやはり特殊な存在のようだ。彼が当初、アルキ扱いされたことは、どうみても辛い経験だったはずだが、自ら矛盾だらけであることを、初めて公言したのも彼である。彼は自分のことを好んで「巧みな日和見《ひよりみ》主義者」、または「宗教色のないイスラム教徒」と表現する。人が彼のことを「政治に利用されているアラブ人」と少しでも非難すれば、すぐに反論する。「利用されているアラブ人でも、役に立っている」、あるいは自分は「フランス人で、アラブ系、人様に仕えている。自分で選んだわけではないが、責任を持って、二つの側から要求している」と。確信犯として人種差別を利用したのは、政党とて同じ。ブールの有権者を確保するために、左派のみならず右派も、選挙に「政治に利用されたブール」と揶揄《やゆ》されることになってしまった新人候補を立てて非難された。オープンなイメージを与え、特に郊外地区の票を引き寄せるのに、双方とも躍起だったのだ。

　ケダドゥーシュは『フランスとブールたち』のなかで次のようにも語っている。「反人種差別を政治の道具にして、特に左派は、やましさを感じないためにブールを利用した」、更に「演説は立派だったが、行動が伴わなかった」。一言で言えば、「社会党はブールを利用してうまい汁を吸った」のだ。

　「SOS人種差別」の現代表で、『フランス人のフランス？　そうだとも！』の著書もあるマレック・ブーティも、ケダドゥーシュに同調する。彼から見ると左派は、ブールを魅力的な有権者と見なし、社会的な補助を得られるようにしたのだが、はっきりいって何の努力もしなかった。「左派は我々を、悲惨趣味の殻に閉じ込めた。補助されて当然と思わせ、特別な援助や、特別待遇を要求するように仕向けた。おかしいのは、同化は相対的にうまくいったのに、現在のゲットー化は二十年前より激しいことだ。むろん、刑務所もいっぱいで、アメリカ合衆国のようだ。問題の本質は、この移民の若者たちが追放され、無視され、捨てられたと感じていることだ」

マレック・ブーティ『フランス人のフランス？　そうだとも！』

　一方、精神分析学者でパリ大学の教授、作家としても多数の著書があるマレック・シェベルは、「ブールは組織的な活動に非常に熱心に取り組んでいる」と断言する。特にそれは郊外の、ラジオ局などで盛んだそうだ。この種の活動は、80年代は同化を進める要因と見なされていたのだが、現在では、政治的な行動が噴出するのを食いとめるブレーキになっていると言う。

ブールの大行進——事件の発端

「一九八一年の連続事件」の場所といえば、リヨン郊外のマンゲット地区である。郊外地区に住む若者たちにとって、学校の夏休みは暇と退屈の同義語、時間を持て余す彼らは、病める魂のようにあたりをぶらつくのみである。することが何もなく、行くところもなければ、二カ月半のバカンスは長すぎる。こうして81年の夏、地区の若者たちは自分たちができることにうつつを抜かす。盗んだ車の上で「ロデオ騒ぎ」をし、火をつけたのだ。被害にあった車は全部で二百五十台にのぼり、とても無視できない大事件となる。

83年には、若者たちは警官とイタチごっこのゲームに興じ、はてはゲリラ戦となって、最悪の形で終る。地区の「顔」の一人、トゥミ・ジァイジャが腹部に銃弾を受けたのだ。緊張が高まる。しかしジァイジャが決断したのは、アメリカのマーチン・ルーサー・キング牧師のような非暴力の活動に出ることで、「マンゲットの神父」クリスチャン・デロルムに協力を求め、彼にスポークスマンになってもらう。デロルム神父は既に、81年4月の国外追放事件に抗議して、地区の若者たちとハンストを行っていた。こうして、人種差別に反対し、平等を訴える行進のアイデアが生まれる。要求事項は、彼らの両親に十年間の滞在と仕事の許可証を特別に与える制度の導入。両親たちが毎年、更新のために各県警へ行く手続きをなくせというものだ。83年10月15日、マルセイユから十人でスタートした行進は、二カ月後、パリに到着したときは十万人以上にふくれあがっていた。途中、多くの黒人やガリア人を自認するフランス人が、行進の主旨に賛同して列に加わったのだ。到着の夜、ミッテランが彼らをエリゼ宮に迎え入れる。歴史上、かつてない光景である。すぐに、十年間有効な滞在と仕事の特別許可証を一般化する法案が、国民議会で右派、左派とも満場一致で可決され、若者たちは勝利を手にする。

二十年後、新しくなったことは？

それから二十年後、一連の行動の結果は何ともはがゆい。現在、リヨン教区でイスラム教徒との折衝にあたり、「同化問題高等評議会」のメンバーでもあるデロルムは、「あの状況から抜け出たのは、マンゲットから出ていった者たちだけだ」と語る。あとの三分の一は麻薬やアルコールにはまり、残りの三分の一は両極端の中間をうろつき、多くは失業状態にいる。デロルムは個人的に、あの「大行進」は若者に何ももたらさなかったことを認めている。

『エクスプレス』誌は01年11月8日号で、当時の若者たちの二十年後を追跡、三人を探し出している。ユセフ・アタラ（42歳）は現在もマンゲットの高層団地四四二号室に住んでいる。七人の子供の父親で、収入源はアルバイトとＲＭＩ。「あれから何も変わらず、住居問題でも雇用でも、人種差別は日常茶飯事だ」と嘆く。結婚して父親になっているフェイサド・アシャニ（43歳）も、やはりHLM（低家賃住宅）に住み、同じ幻滅を味わっている。アナリストプログラマーの工業技術短期大学修了書を持つ彼は、現在、リヨンで配達の運転手としてCDD（契約社員）で働き、最低賃金をもらっている。さて、大行進のヒーローだったトゥミ・ジァイジャ（38歳）は、結婚して三人の子供の父親。人脈を頼りに仕事を見つけ、いまはリヨンのモスクにいるそうだ。

黒と白とブールからなるフランス代表は幻想？

98年7月12日、サッカーのワールド・カップでのフランスの優勝は、ある人に言わせると「国家的オルガスムス」に喩《たと》えられるほどの歓喜を国民にもたらした。百万人の群集がシャンゼリゼ大通りに踊り出て、黒人と白人とブールからなるフランス代表チームの勝利を祝ったのだ。立役者でブールのヒーロー、ジダンのポートレートのスライドが凱旋門にうつし出される。「あのときのスローガン『ジダン、大統領！』は、パリにいるフランス人が人種を超えて融合したことを見事にあらわしていた。あれほどの一体感を味わったのは、戦後初めてだ」と語るのはケダドゥーシュ。「多色の国、多人種の国フランスが、黒人と白人とブールのフランスになった。ワールド・カップの最優秀選手は、郊外の子供、アルジェリア移民の息子で、フランスの三色旗を背負って闘った。あのときの代表チームは、政治的、経済的、社会的に同化が成功したことのシンボルと言われた。その結果、人種差別主義者も、外国人嫌いもいない国フランスというイメージが一人歩きして、人権の国フランスの大使となり、最後まで抵抗していた人たちをも打ち負かすことになった。多人種から構成されているというだけでね。しかし、このスポーツによる同化は幻想だった。悪い現実を隠していた。都会の暴力と、犯罪、麻薬、不安定、差別のなかに見捨てられた若者たちに、未来はなかった。悲しい現実に直面するには、01年10月6日に行われたサッカーの親善試合、フランス対アルジェリア戦が必要だった」

01年10月6日のフランス対アルジェリア戦

62年3月、エヴィアン協定でアルジェリアが独立して以来、初めて行われたサッカーのフランス対アルジェリアの試合は、完全な大失敗に終る。試合前、フランス国歌「ラ・マルセイエーズ」が流れるや、最初の音が口笛にやじられてしまうのだ。この現実とは思えない試合を見に行っていたケダドゥーシュは、次のように語る。「フランス対アルジェリアの試合は、非常に大きなタブーを暴きだした。この日、ブーメランがフランス人の顔に向かってきて、彼らは突然、マグレブの若い世代はフランスを嫌っているかもしれないことに気づいた。それ自体は憲法には違反しない。全てのフランス人にはフランスを愛さない権利がある。女性を愛さない権利があるのと同じようにね」

彼によると、ブールの状況は爆発寸前で、60年代のアメリカ合衆国の黒人の状況と見まがうほどだという。そして、フランスが新たに挑戦しなければいけないのは、ブールの居場所をフランス人の横におくのではなく、フランス人のなかに見いだす方法を探ることだと。

もっと厳しい見方をするのは、「SOS人種差別」代表のブーティ。彼は「サッカーの野蛮なファンどもは、我々があくせく働いた年月をぶち壊しにし、ブールのイメージを、フランスを拒否し、規則を守らないものに戻した」と嘆く。彼自身は、ブールは100%フランス人だと確信しているから、国家を冒瀆した「バカ者たち」を忌み嫌い、「事態をそのままにしていた無責任な主催者たち」に怒り心頭だ。試合を観戦した元首相、リオネル・ジョスパンは呆然自失、若者とスポーツ担当大臣、マリー＝ジョルジュ・ビュッフェも、ミネラルウォーターの瓶を顔にぶつけられ、ショックで声も出ない。「郊外のガキどもに、試合の無料券などやたらに渡すべきではなかった。そんなのは、『偽の同化』の子供だましだ。治安をおろそかにしすぎた。皆おとなしくしているとでも思ったのか！　おかげでマスコミで散々叩かれることになった」と、ブーティは『ヌーヴェル・オブセルヴァトゥール』誌のインタビューに苦々しく答えている。

第四章　フランスにおける巧妙な差別の実態――二つの速度

オレは雑種でしかない／クソ私生児だ／もっと知りたいか？／オフクロは白／オヤジは黒／オレは白と黒の混血さ／この世でオレは望まれていない／オレも同化しなきゃいけないようだが／世紀の疑問をつきつけよう／例えば、モザイクで生きるべきか、それともセクトか／それとも昆虫のようにか？／カーストや、ヒエラルキー……／オレは「ゲスな黒人！」と言われた／「ゲスな白人！」とも言われた／奴らをどうしつけたんだ？／オレたちが離れて身をおいたのは下層のカースト

ディシズ・ラ・ペスト

フランス人はイヤな人間ばかりでないとわかるのに私は時間がかかった。ブールがいい人間ばかりでないのと同じだ。

ザイール・ケダドゥーシュ『フランスとブールたち』

学校のゲットー化、私立校の成功と公立校の失敗

『ヌーヴェル・オブセルヴァトゥール』誌の「フランス式人種差別」の記事のなかで、パリ18区、といってもシックなモンマルトルとはほど遠い地区にある中学について触れられている。生粋のフランス人の生徒は三人のみで、他は全てマグレブかアフリカ出身。そこの女性教師が

語るには、子供をその中学に入れないため、多くの親は例外的措置を取ろうとしたり、引っ越したり、私立を選ぶそうだ。

「フランスでゲットー化が始まっている」と嘆くケダドゥーシュ。

「中学や高校には、ブールや黒人しかいない学校がある。パリの17区、18区、19区、20区の中学へ行くとそうだね。郊外では、80％の子供が移民出身のフランス人という中学がある。学校のゲットー化が見られる。だからフランス人は子供を私立に入れる。フランスで私立が成功しているのは、公立校の同化の失敗だ。ブールでさえ、子供たちを私立に入れる。『人間のクズ』と一緒にしないためにね。イスラム教徒なのに、子供をカトリックの学校に入れる親もいる。何をおいても子供の将来が重要なんだ」

公立校でスカーフは受け入れられない

89年10月、パリの北、オワズ県クレイユ市の公立中学で、三人のイスラム教徒の女生徒が、頭にスカーフをかぶったまま授業を受けた。ところが、この三人の女生徒の行動は、宗教から独立した教育をうたうフランスの公立学校の原則に反するというので、賛否両論の議論を呼び、国内外にも大きな波紋を投げかけた。その結果、スカーフの着用は各学校長の決断に委《ゆだ》ねられることになった。これがいわゆる「スカーフ事件」である。

「僕は、スカーフ事件はちょっと目立ちすぎたと思っている。スカーフの着用などは禁止すべきだったろうし、また、許可を校長の決断に委ねるべきではなく、国の段階で決定すべきだった。一方を追放して、他方を容認するのは難しい。危険なのは、民族主義に閉じこもることだ。スカーフは、宗教色を排した公立学校では受け入れられない。もっと勇気のある立場を取るべきだった。少女が外出するときにスカーフをかぶるのはいい、でも、学校ではダメだ。あれはトルコとモロッコの少女たちで、フランスの家族に呼び寄せられて来たんだが、まちがったことをするのに文化団体が利用された。僕は、公立校の場合、生徒全体に共通する規則がないといけないと思う。彼女たちはスカーフだけじゃなく、体育の授業も受けなかった。手足を人目にさらすのが禁止されているといってね。他にもある。だったらなぜあの後、ラマダンをする子供たちは授業を免除するよう頼まなかったんだ!」

植民地主義の反省からの懐柔策

「僕は、文部省が交渉のロジックにはまろうとしているのは賛成できない。既に、これはもう一方のロジックだけど、子供たちに宗教上禁止されている食べ物があるかどうかを両親に聞いている。しかし、それほど学校の運営を気にしなくても、他人の信仰は尊重できる。これは一種の逆の人種差別だ。僕は自分の生活スタイルを強制しないし、人も僕に強制しない。これは僕に言わせると、家族主義的な懐柔策だ。植民地主義の罪悪感で、何でもおねだり下さいと言っている。権利や義務を持つ人間の立場になっていない。外国人の権利がのさばっているのは、法律で罰せられない安全地帯だ。色々な小手先の改革が重なり合ってきた結果だ」

レベルの高いクラスと、はきだめのクラス

現在ほど、フランスの公立学校の質の悪さが問題になっていることはない。

国立統計経済研究所などで調査をしている二人の専門家、ルイ＝アンドレ・ヴァレとジャン＝ポール・カイユは、学校での成績の悪さや落ちこぼれは、家族の状況、または経済的に恵まれない階級に多くを起因すると確認している。家族の状況や社会的環境がよければ、外国人または移民出身の生徒はフランス人の生徒と同じくらい、更にはもっと成績がよいからだ。また、成績がふるわないケースも、フランス人の生徒と同じ問題を抱えている。「ゲットー化した学校があるのは、ゲットー化した郊外地区があるからだ」と断言するのは、ジュシュー大学の社会学教授、マリズ・トリピエ。「移民は常に、受け入れてくれる社会層に同化する。学校はそのときの社会問題が凝縮した場で、そこでまた同じことが繰り返される」。

リヨン大学の社会学教授で、『郊外の中学校―学校での人種分類』(97年刊)の著者、ジャン＝ポール・パイエは、中学校でのクラス分けの実態について触れ、それが若者のアイデンティティに壊滅的な影響を与えていると告発する。「成績が同じレベルだと、フランス人の女子生徒はレベルの高いクラスに入れられる。マグレブ出身の女子生徒、更に男子生徒はできの悪いクラスに入れられることが多い。その結果、マグレブの子供たちは自分をできが悪いと思うよう

になる。最初は学校に入って得意になっていたのが、最後はつまはじきにされたと思うようになる。なぜなら彼らは、不公平だと感じているからだ。フランス人の両親は、自分たちの子供が地区の子供と一緒のクラスになるのを拒み、教師はいいクラスにしたい。その結果、校長は教師に言われた通りにする」こうして、パイエいわく「学校市場」は作られるのだ。

全ては家族次第、出身は関係ない

こうみると、ゲットーにいたら、学校で落ちこぼれになるのは宿命的なようだが、幸いなことに、そのセオリーをくつがえす成功例が幾つかある。

例えば、社会学者で作家のアズーズ・ベガグ。彼の自伝的小説『シャーバの子供』(86年刊)は、普通なら落ちこぼれになる条件を全て備えた子供が立派に成功した話で、映画化され、大きな話題を呼んだ。ベガグは、57年リヨン生まれ。父は第一波のアルジェリア人移民労働者で、読み書きができず、工事現場で働いていた。その息子として、郊外のスラム街で育った彼は、見事、作家になったのだ。

私たちは木を見て森を見ていないのだろうか? そんなことはない。マスコミ受けはあまりしないが、アルジェリア人移民、ラシド・カシのこんな話もある。ラシドの父はカビリア地方出身の道路掃除人で、ナンテールのスラム街に住み、読み書きができず、フランス語もほとんど話せなかった。ところが息子のラシド(25歳)は、地質学の技師で、数学の修士号保持者、中学校での数学はほとんど二十点満点だった。彼は、自分が成功したのは十歳年上の姉が宿題を見てくれたからだと、謙虚に語る。部屋は二人の兄弟と一緒だったのに、彼の経歴は素晴らしい。大学入学資格のバカロレアを取ったのは18歳で、しかも難関とされる数学と物理系科学の部門でグランゼコールを目ざして三年間準備学級に通い、技術者のグランゼコール、科学技術院を卒業している。家族で成功したのは彼だけではない。姉の一人は校長で、もう一人は会計士、兄弟の一人は法定監査人で、もう一人は教育者である。ラシドは説明する。「僕の両親はとても頭がよかった。憎しみも、復讐の感情もなかった。僕たちにいつも、成功を目ざして頑張れと勇気づけてくれた。他の多くの親と違って、ほめなきゃいけないのは肉体的な力ではないことがわかっていた」

16歳で既にラシドは、地元で移民の子供たちのためのグループを作り、フランス語の理解力を深めるための補習講座を開いて、その活動は現在も続けている。

ヴァル・ドワズ県のフランス人教師が断言する。「最も勉強ができなかったのは、フランスの北から来た子供たちだった。生粋のフランス人だが、家族が色々な問題を抱えていた。いずれにしろ、成績のよかった生徒はアラブ人で、最も悪いのもアラブ人だった。全ては家族次第、出身は関係ない」

失業の不安にさらされる「アラブや黒人っぽいタイプ」のプロフィール

しかし、実態は想像以上だ。リヨンとモンペリエの学区を担当する文部省の監察官によると、二年間の職業教育リセを卒業し、職業適性証書や職業教育免状を取得するために必要な実習のとき、中小企業の経営者に外国人嫌いの行動が見られたという。実習先を探している生徒がマグレブ出身だと、電話でこう言われることが多いのだ。「うちの会社がほしいのはフランス国旗の青―白―赤だ（暗に、アラブや黒人っぽいタイプは差しひかえる）」、「うちのお客が黙っていないと思うので」、更には「従業員が反発した」。

国立統計経済研究所によると（この調査ではフランス人と外国人を分けているだけで、移民出身のフランス人については調べていない）、99年の初頭で失業していたのは、外国人が23％に対し、フランス人は11％だった。

一方、国立人口問題研究所の研究員、ミシェル・トリバラによると、20歳から29歳の若者全体の失業率が15％なのに対し、同じ年齢層のアルジェリア出身のフランス人だけを見ると、失業率は32％にのぼっている。これを大学入学資格保持者、それ以上の学歴に絞ってみると、全体の失業率が9％に対し、アルジェリア出身の若者は34％。いわゆる「熱い」地区へ行くと、失業率は50％ほどになるのもわかっている。

97年の「人権諮問委員会」の報告には、地方の中小企業の求人広告の例が三つあげられている。

白人種

感じのいい顔

エネルギッシュな人
決断力、熱意、勤勉さ
昇進の可能性あり。詳しい知識は必要ないが、学習心と同化の意欲は必要

25〜26歳の男女。販売経験者(プレタポルテなら尚よし)
身だしなみのよいこと(BCBG=bon chic bon genre)
商業または上級技術者の職業バカロレアを取得したい人
「アラブや黒人っぽいタイプ」でないこと。職業適性証書、職業教育免状などの保持者

訪問販売員—車所有
販売意欲プラス素質—男女
上級技術者免状を取得したい人
「アラブや黒人っぽいタイプ」でないこと—バカロレア保持者
どうしてこのような求人広告が出せるのだろう? 悩んでしまう。

モハメッド、ファリドよりピエール、ポール

雇用における人種差別の実態を数字にするのは、事実上不可能だ。企業主は未だに、自分た

ちが人種差別をしているのではない、移民がいると顧客が許してくれないと、弁明に努めている。

02年3―4月号の『ル・モンド・ディプロマティック』誌の記事、「外見による雇用」のなかで、ジャーナリストのナセル・ネグルーシュがこんな例をあげている。二年間失業していて、その間、九十三通もの応募の手紙に無しのつぶてだった若者が、名前をフランス風にしたとたん雇用の約束を取りつけたというのだ。もはや疑う余地はない。アブデラティフと名乗るより、トーマスの方がぐっと簡単なのだ。「こんなことを言うのは悲しいけど、うまく面接までいくのに、名前を変えるだけでよかったんだ。僕はそれほどタイプではなくて、姓もそれほどアラブじゃないから、面接はかなりうまくいく。でも、その後家へ帰ってから、僕は恥ずかしくなる。社会生活をするために、自分のアイデンティティを否定した気がするから」

ネグルーシュはまた、かたくなに自分の名前を変えずにいて、仕事が見つからない26歳の若い女性の例もあげている。こうみると、フランスは人権を無視し、人を能力や才能ではなく、外見で採用する国、と言えるのではないだろうか？　学校で教え込まれる平等と公平、人権の国、フランス共和国の基礎概念を、問い直さなければいけないのではないだろうか？

98年、「同化問題高等評議会」のメンバーは、人種差別の高まりを危惧するレポートのなかで、次のような診断を下した。「雇用市場における人種差別は、減少からはほど遠い。失業の増加と、外国人嫌いが進行している影響をもろに受け、広がる一方である」

とはいえ、これを「移民の再生」とは言いきれない。国立統計経済研究所のある調査によると、移民の子供で肉体労働者に留まっているのは三分の一で、半分以上は主に給与所得者、「中間管理職」または「上級管理職」、「自由業」も11％いる。

黒人やアラブ人が歓迎されるのは警備の分野のみ

同じく「外見による雇用」の記事のなかで、ネグルーシュはもう一つ、ヤジド（27歳）の例をあげている。彼の場合は、経済学士号や、情報科学網メンテナンスの資格より、パリ郊外の敏感な地区に住んでいた経験が雇用に結びついている。警備の部署に配置された彼はこう言う。「黒人やアラブ人が歓迎されるのは、警備の分野だけだ。スーパーマーケットやクラブの店長、更には地方自治体の責任者まで、警備の分野では移民出身の若者を当てにしている。僕たちだったら、郊外地区の若者が抱える緊張した状況に対処できると考えているんだ」

ネグルーシュは「ＳＯＳ人種差別」の代表、ブーティの言葉も引用している。「差別はより陰険な形を取っているとも言える。外国出身者を、本人の能力より低い分野にのみ雇ってゲットー化し、責任あるポストにはつかせない。公の場に出て顧客と接触するような仕事から全て遠ざけている」

銀行が、未だに窓口にアラブ人を配属しないのも同じ考えだ。お客を不快にさせ、信頼を裏切るのが怖いのだ。別の言い方をすれば、顧客に人種差別者がいると仮定して、その先回りをしている。『職場での人種差別』（97年刊）のなかで、著者のフィリップ・バタイユも、外国出身の若者の「深刻な就職難」について語っている。

リーダーの転職——未来の仕事

90年9月13—19日号の『ヌーヴェル・オブセルヴァトゥール』誌に、面白いケースが載っている。フランス北部、ソム県の県庁所在地、アミアン市北部の郊外地区に住んでいるヌレディヌ・ガハムは26歳。アルキの息子で、配管工の職業適性証書を持っている。彼いわく、80年代の初頭に、アパートががら空きになるのを嫌というほど見てしまった。「バスもタクシーも来たがらなかった。夜になると車が燃えあがり、パトカーが来ると石を投げられた」。その仲間で、元リーダーでもあった彼は、犯罪と闘う仕事に転職、86年に「ラ・ファースト」という名前の警備会社を立ち上げた。原則として武装せず、催涙弾も使わない。知事と市長は彼の行動を称えた。四年後、犯罪は70～80％も減り、郊外地区は再び活気を取り戻した。

彼はその方法を次のように語る。「若者の扱い方を知らなきゃいけない。なぜ階段室にいてはいけないか、わかるように説明してやらなければいけない。警察にはそれができない。警察が来るのは、弾圧するためだ。若者たちは俺を知っている。ここで一緒に大きくなった。でも、ときには痛い目に合わせることも必要だ。それに、心を入れ換えた元仲間のリーダーも何人か雇っている」。そう言ったあと彼は、「もう本当の人種なんてない。俺たちの出身地は、郊外地区だ」とつけ加えた。

彼は成功した同化の見本なのだろうか？　六年前にフランス女性と結婚、二人の子供の父親になったガハムは、いまでも郊外地区の近くに住み、最近家を買ったそうである。

仕事はピストル強盗

この文を書いているとき、テレビで「仕事はピストル強盗」と言っている18歳の若者の言葉が耳に入った。「オレがなぜ働かないかって？　一生、七千フラン（約十四万円）の給料でやれっていうの？　一生、ボスの言いなりになれっていうの？　そんなのごめんだぜ！」。そして「オレにとって金は、ゲットーから出る切符なんだ」とつけ加えた。

この言葉から浮き彫りになるのは、父親たちとの間に横たわる深い溝である。移民一世の父親たちは、小さくなり、何でもいいからそこにある仕事をし、言われたことをしてきたのだが、息子たちは満身創痍だ。ヌアラ・ベナイの言葉を借りれば「父親たちの苦しみを背負い」、その苦しみは表に出せなかったぶん、よけいに強くなっている……。息子たちは父親たちがしてきたことを繰り返そうとはしない。それを受けて、社会党のジョスパン元首相は、大統領選に次のような公約をあげた。「私は治安対策を突きつけられたと思っている。おそらく、次の五年間の大統領任期で最優先の問題になる……私は次の政府では、公安省を創設しなければいけないと思っている」

その後、大統領にはシラクが選ばれ、総選挙でも右派が圧勝して、次期政府は右派の単独政権になったが、雇用と治安が結びついた問題は、現実に第一の懸案事項となっている。

メンタリティを変え、犠牲者として見るのをやめよう

「天は自ら助くる者を助く」

この古い諺《ことわざ》を信奉しているケダドゥーシュは、ゲットーの若者を犠牲者扱いするのには反対だ。といって、奇跡的な解決法を提案できるわけでもないのだが。

「ただ一つの方法は、多分論調を変えることだ。金銭的な手段では、事態は変わらない。それより僕はメンタリティだと思う。時間はかかるが、いまの論調を変えなければいけない。若者を犠牲者として見るのはやめなければいけない。RMIを支給されて、家賃も払わず、30歳、40歳になってもママのところにいて、仕事を探すのに何の努力もせず、自分たちが悪いんじゃない、自分たちを愛さず、必要としないフランス社会が悪いんだ……こういうことばかり言うのはもうやめなければならない！

皆僕に言う。『ああ、でも君は恵まれていた。全てを手にした』ってね。そりゃあ、僕はスラム街から抜け出したが、その代わり四六時中働いた。一日十五時間もね！　いまも階段を登り続けている。僕は努力が必要だと言いたい。01年に、グランゼコールの一つ、パリ政治学院で割当制が施行され、郊外地区の若者のための席が特別に設けられたが、僕はその考えには反

対だ。彼らは貧困を望んでいないが、優先席も望んでいない。他の人間と同じに扱われたいだけだ。パリ政治学院で、郊外地区の若者のために席を幾つか用意するなんて、この考えはいったい何なんだ？　ますます彼らを社会の犠牲者として見るようになるだけだ。

若者たちに言わなきゃいけない。自分たちで責任を負いなさい！　自分から動きなさい！　社会参加しなさい！　政治に参加しなさい！　兵役に行きなさい！　外国へ行きなさい！　ヨーロッパを見に行きなさい！　動きなさい！　計画を持ちなさい！　会社を興しなさい！　そして論調を変えなさいってね。あんたたちはフランス社会に愛されていないと言うが、こんな不確実なことはない！　まずフランスは人種差別の国ではない！　動きなさい！　あんたたちは大きな潜在力を秘めた、素晴らしい国にいるんだ。それを利用しなさい！　僕はそう信じているが、簡単なことではない。僕のように信じている人間は多くない」

有能な人間が必要

「それでも僕は、雇用状況が好転すれば希望は出てくると思う。雇用で競争すれば、別の方向に行く。人種差別はどちらの側にもありえる。フランス人に対する人種差別、外国人に対する人種差別。その二つが対立することもありえる。だから、雇用状況が決定的な要因になる。しかし同時に、フランスも努力しなければいけない。国民議会、元老院、国会議員に、マグレブ出身のフランス人が一人もいないのは、問題だ！　三万六千あるフランスの自治体に、マグレブ出身の首長は一人もいない。現実に、国民の一部が疎外されているのに、それを代表する国会議員が選出されていない。これじゃあ、フランス革命以前のアンシャン・レジームだと思われる。僕は郊外地区のためには必ずしも、同じ民族の出身者を選ばなくてもいいと思う。黒人を代表するのが黒人で、ブールを代表するのがブールである必要はない。必要なのは有能な人間だ、しかし、有能な人間のなかで、ブールも黒人も排除してはいけない。職業は開かれていなければならない。マグレブ出身のジャーナリストは一人もいない。これも驚きだ！

郊外地区は経済の状況をよくしないといけない。しかし、闇の経済ではない。本当の意味での経済力が必要だ。僕にはシナリオがわからないが、非常に用心深くやらないといけない。スタートがまずかった。色々な要素が絡み合って、いまや放置された状態だ。重要と思われない小さなことを、そのつど放棄している。しかしそれでも、いまの時代、政治で男女同数の候補者を義務づけるパリテ法が実施されているんだから、マグレブ出身者が出身地に見合った候補者の数を要求するのは間違っていないと思うね。政治家に女性が少ないと言って、あなたたちは割当制を決めた。政治家にマグレブ出身者が全くいないなら、なぜそこでも割当制にしないんだ。女性とブールは同じじゃないが、マイノリティという点では同じだ」

右派単独政権で、02年新しく首相になったラファランは、閣外相の開発担当大臣にトキア・サイフィ、在郷軍人担当大臣にアムラウイ・メカシェラを任命、努力のあとをうかがわせたが、クリスチャン・デロルムはもっと上、内務大臣にブールを任命するよう提案している。

フランスの同化のモデルは転換期

「ザイールは、ブールのジャーナリストは一人もいないと言ったけど、違う。私がいるわ」と語るのは、カビリア地方出身の女性ジャーナリスト、ヴェロニック。

「私だけじゃない。私の属している編集グループには、少なくとも五、六人いるし、私と同じカビリア地方出身の子も他に二人いる。確かに、これは最近のことだけど、世代的な影響もあるわね。60年代の移民の子供たちは、いまはせいぜい30歳代、いっても私のように35歳。きちんとした職業につくには、学校へ行き、同化するための時間が必要だったのよ。でも、マグレブ出身の弁護士も、だんだん増えているのよ。医者も増えているし、マグレブ出身の経営者も増えている。……つまり、私が言いたいのは、第二世代には希望があるし、第三世代になるともっと話題になるということなの。多分、メディアとか、マグレブの組織も、同化に成功した例(スポーツや、他の例でも)をもっとPRしたらいいんじゃない? アメリカのように、ポジティヴなモデルを見本にするのよ。それとは別に、フランスの同化のモデルは転換期にあるという、ザイールの意見には賛成だわ。アングロ・サクソン圏のように共同体に傾くか、宗教色を最大限になくして、学校による同化のシステムを進めていくか」

そうよ、フランスは住めば都!

ここで、政治活動をしているブールの女性の考え方を聞こう。ナビラ・ケラマンは30歳代、離婚して、二人の娘を育てながら、緑の党で闘っている。両親はアルジェリア人で、彼女自身は政治活動に参加し、四年前、市議会議員に立候補するためにフランス国籍を取得した。

「フランス人は人種差別主義者かですか？　私なら人種差別とは言わない。この言葉は当てはまらない。差別があるとしたら、他のものに対する恐怖ね。人種の違いじゃない。自分たちと似ていない者への恐怖なの。実際に町を歩いていると、私たちはフランス人とそう違わない。だから、あからさまな人種差別は全くない。『嫌なアラブ人！』なんて言われないけど、もっと陰険なの。口に出さずに差別をする。性による差別や、老人をバカにする差別もそうね。人種による差別は職場でもあって、そこでも性差別がある。女性のおかれている状況は男性とは違うの。私たち緑の党が要求しているのはそこなの。緑の党には女性がとても多いのよ。フランス人から見て、もしあなたが、フランス語をちゃんと話して、資格もあって、服装も似ていたら、恐怖心を抱かせない。でももし、あなたが違う生き方をしようとして、宗教に合わせて服装や考え方を違えたら、そこで、他のものに対する恐怖をフランス人は感じるはず。あなたはほとんど許容してもらえない。これは人種差別じゃないの。皆似ていなければいけないということなの。これは他のもの、自分ではないものへの恐怖なの。

移民の女性が抱えている問題は男性より少ないかもね。なぜなら、移民の女性は弱いと見られていて、テロや犯罪を犯す危険分子ではないと思われているから。私たちは怖がらせないの。

でも、私に言わせるとそれも優越感からね……。

フランスは住めば都かですか？　そうよ、都よ！　私はとても気分がいい。でも、もし私がアルジェリアで生活しなきゃいけなくても、同じことを言うわ。だって私は、ここでも、向こうでも、気分がいいんですもの。向こうへ行くとフランスが懐かしくなって、フランスにいるとアルジェリアが懐かしくなる。私は自分の人生を悲劇とも亡命とも思っていない。二つの文化を精一杯、心から楽しんで生きているの。フランスがいいのは、思っていることを言えるところ。皆この権利を理解していないけれど、民主主義といっている国のなかにも、この権利があるとは思えないところがある。完全ではないけれど、言いたいことが言える、思っていることを自由に言える、それをフランスでは満喫できる。闘わなきゃいけないことはまだたくさんあるけど、それも魅力になっている。アルジェリアでもそうできたらというのが、私の夢よ。他の西欧諸国と比べても、社会的な公正は保たれているし、社会制度も進んでいる国の一つよ。給与所得者の立場も、最も優遇されている国の一つ。週三十五時間労働になって、働く両親が子供や家族や、余暇、そして自分たち自身のために使える時間が増えている。私たち緑の党では、週三十二時間を奨励していたの。なぜなら、私たちは生産性第一主義には反対だからよ。めちゃくちゃな消費は必

ナビラと二人の子供

要ないと思っている。
フランスという国は、完全とはほど遠いけど、何かを期待できる。希望の持てる国なの。フランスには、まだ強い労働組合があるし、各省庁から定期的に相談されている団体もたくさんある。市民社会はまだ活発に動いている。アングロ・サクソンの国ではそうじゃないわ。フランスは相対的に見て元気がいい。確かに、グローバル化の影響は受けているわね。私は希望を捨てない」

カンボジアからフランスへ

では、フランスがまだ希望の持てる国であることを、難民としてフランスに受け入れられた一人の男性に語ってもらおう。

シェル・ピトゥーはカンボジア出身のフランス人。タイ国境から五十㎞の村に住み、79年にタイ経由でフランスに着いた。難民キャンプに六カ月いたあと、電気技術師の職を学び、その後、警報とビデオ監視カメラの会社を自分で立ち上げた。42歳だが、とてもその年齢には見えない。静かで、重々しい顔には、人に話したくない長い歴史が秘められているようだ。彼を知ったのは、私の知人で臨床心理学者のカトリーヌ・ガルニエ＝プティを通してだった。彼女は、カンボジア難民を受け入れられる人を求むという町からの要請に答え、一年間、彼を受け入れたのだ。「家に一つ空いている部屋があったので、提供したの」と、彼女は気どらずに言った。

「彼はとても直感が鋭くて、私たちがそうしてほしいときに消えて、いてほしいときにいる才能があったわ」とも。そして、彼を私に紹介する直前に、「会えばわかるけど、彼は必要なこと以外は何も言わないの。とても控え目で、感じのいい人よ」と耳打ちしてくれた。

同じカンボジアの女性と結婚、子供が二人いる彼は、それほど笑わず、笑ってもどこか寂しげだった。弱々しそうな体格に似合わず、しっかりして、強い責任感を持っている印象を受ける。フランス語は、やや軽い訛りはあるもののパーフェクト。私はアジア人が一般に控え目なのは知っていたが、アルジェリア出身のフランス人とたくさん話をしたあとでは、彼の静けさと、多くを語らずとも意味がわかる話し方に、強く心を打たれた。私は、辛い思い出に入りすぎないよう、機転を働かせなければいけないと思った。会話がとぎれないように私の方から気を配り、気まずい雰囲気にしてはいけないと思った。私は、話の切り上げどころがわかったが、辛い過去を思い出させてしまって、彼が眠れなくなるのではないかと怖かった……。

同化より、順応という言葉の方が適切

「フランス人は、アジア人には悪いことをする者が少ないと思っているようですね。多分、他の民族と比べて、歴史的に関わりが少ないからでしょう。

私は、同化より、順応という言葉の方が適切だと思います。カンボジアでは、私たちの生活があり、宗教があり、ここととは全く違っています。ですから、最初にしなければいけないのが、

ここの生活に順応することでした。毎日、何か学ぶことがあった。私は、フランス人はとても親切だと思います。ガルニエさんたちのように、私を完全に家族の一員にしてくれた家族もいます。私はそこまでしてもらえるとは思ってもいなかった。彼女が私を迎えに来てくれたとき、私は19歳か20歳でした。私は学校の場所とか、そんなことを教えてくれるくらいだと思っていたんですが、家に来ていいと言ってくれました。私は、誰かに暖かく迎えてもらえるとは想像もしていなかった。このことは絶対に忘れません。当時、私はとても辛い時期を過ごしていました。ここへ着いたとき、フランス語は一言も話せなかった。学校で文法は少し学びましたが、使いこなすにはほど遠かった。難民センターで、六カ月学校にいたんです。当時の私の心配は、職を身につけられるかどうかでした。ガルニエさん一家のおかげで学校を見つけることができました。素晴らしい家族でした。私は一年間お世話になったんですが、私が順応できるようたくさん助けてくれました。カトリーヌは私のフランス語を直し、自分の子供のように扱ってくれました。外出するときも一緒で、本当に甘えさせてもらいました。一年たって、私は職業学校に入ったんですが、それからも一家とは常に連絡を取っています。電話をしなくても、いつも考えています。私にとってカトリーヌはフランスのお母さん。皆にも母親代わりだと言っています。よくしてもらった人のことは決して忘れません。痛めつけられた人のことも、決して忘れません……。いいことをしてくれた人には、お返しをしたいと思います。痛めつけられた人に仕返しをしたくないなら、そういう人からは離れ、会わないようにすることです」

タイには受け入れられなかった

「フランスへは母と、義理の姉と一緒に来ました。兄は先に行っていたからです。国には全て置いてきました。目的は、この困難な時期から抜け出し、逃げることでした。私にとっては、タイに着いたときから、飢餓も戦争も過去のものになった。でも、タイは私たちを受け入れることができなかったので、他の国を選んだんです。フランスへ着いたら、私たちはすぐ難民センターに送られました。そこには最長六カ月いられると思います。フランスに留まる難民もいれば、経由だけの難民もいます。その後、受け入れてもらえる家族を見つけて、センターを出なければならない。私は政治難民の滞在許可証をもらいました。当時は、タイ経由で来た難民は全部、自動的に難民証がもらえたんです。私は電気技術を学ぶ学校を見つけました。市役所の手続きでは、カトリックの援助も助かりました。一年間勉強して、私は電気技術の職業適性証書を取り、すぐに働き始めました。仕事はすぐ見つかりましたが、そこには四十人も応募していた。選別制で、二週間の契約が終ったら、一カ月の契約、ふるい落とされた人がたくさんいて、最後に残ったのは四、五人でした。当時は失業もあまりなくて、仕事も簡単に見つかった。能力次第ですけどね。雇用主に気に入られればいいんです。ええ、私は気に入られまし

シェル・ピトゥー

た。私は丹念に仕事をするので、仕事を変えるたびにボスに引き止められ、残念だと言われました。私は他の人より優れていると思いませんが、仕事では一生懸命になるんです」

フランス人は怠け者ではないと思う

「自分の会社を作ったのは93年ですから、もうすぐ十年になります。労働時間は数えたことがありません。夜も書類の整理があるし、週末も仕事があったら、誠心誠意しないといけない。職人は週三十五時間労働とは関係ありません。それが許されるのは従業員の多い大企業で、私のような職人は五時きっかりに終えるわけにいきません。週末も見積書や請求書書きで忙しい。私は一日十時間以上は軽く働いています。職人や商売人は皆私とだいたい同じです。パン屋が一日八時間しか働かなかったら、どうなります？　私はフランス人は怠け者ではないと思います。少し甘えているとは言えるかもしれませんが、私だって少し働いて多く稼ぎたいです。この仕事を選んだのを後悔していません。いま失業者は三百万人と言われていて、私も大変苦労しましたが、働けば働くほど生活が楽になっています。私は何でも精一杯やる、まだ若いですからね。私は猛烈に働きました。それはどんな仕事でも同じ、自分の責任で仕事をするようになったらそうなります。建築家や医者も私と同じ時間働いています。私は彼らのように勉強はしていませんが、状況は同じです。

なかには、色々な手当をもらうために失業している人もいる。こっそりアルバイトをしながらです。法律で認められていないのにしている人がいる。最低賃金を稼ぐより、家にいる方がいいと言う人がいる。五百フラン（約一万円）多いんです。住宅手当や、その他の援助をもらっていると、仕事をしたらその権利を全部失う。生活を変えたいのか、それとも、いつまでも郊外地区や団地にいたいのか、きちんと見極めないといけない。でも、その方が得だと思ったら、それでいいんじゃないですか？」

二十年ぶりにカンボジアへ

「国に帰りたいと思ったことは一度もなかったんですが、去年、二十年ぶりに初めてカンボジアへ帰りました。とても懐かしかったです。二週間でしたが、あっという間に過ぎて、また帰りたいと思っています。若い頃の思い出は消えません、向こうで育ったんですからね。でも、すっかり変わっていました。全て変わって、自分の村さえわからなかった。家は全て壊れていた。故郷に戻って胸がつまりました。すぐに家族を、特に両親のことを考えました。いまは二人とも亡くなっていますが、だからよけいに……。私の思い出はまだ故郷にある。姉妹はまだ向こうにいます、従兄弟《いとこ》たちも村にいて、皆顔見知りです。胸がつまります。

国にいる人たちは、脱出できなかったから残っているんです。戦争が終ったあと、皆貧しくて大変苦労しました。もし私がいつか向こうに住むとしたら、考えただけで嫌になります。一から始めなければならない。知らない国へ行くようなものです。故郷に帰りたいのは山々ですが、生活条件が改善されて、もっと自由にならないと考えられませんね。戦争もまたいつぶり返すかわからない。安定しているとは思えないし、貧富の差がありすぎます。それが私には不安なんです。生活条件もまだ厳しいです。カンボジアへは妻も子供たちも同行しました。妻は故郷の村まで一緒に来てくれましたが、子供たちは首都のプノンペンに残して、二人の妹に面倒をみてもらいました。交通機関がまだ万全ではない。首都から二百㎞のところなんですが、道路が非常に悪いんです。私は故郷の村をこの目で見たかった。村へ行くのが旅行の目的だった。数年前だと、国はまだ戦争状態で、帰国したくてもできなかったんです。

　フランスへ来る前は、間違いなく辛い時期でした。戦争、飢餓、家族離散……、私の家族は皆離れ離れになりました。共産党政権がカンボジア人を酷使した。そこから生き残っただけでも有難い。虐殺された人もたくさんいます……でも、私たちは生きている、有難いことです。私たちは困難な時期を生き抜いてきたんです。人間、腹が空いたときは何でも食べます。カエルをつかまえて、蝸牛《かたつむり》も食べる、本当に何でも食べる。動物と同じです。動物は一つのカゴに入れたら、共食いをする。人間も同じです。喉が渇きすぎたら、自分の小便を飲む……。クメール・ルージュ（ポル・ポト派）は世界中を恐怖におとしいれた。あれは人を狂わせます。兄弟姉妹の間でも、お互いに疑心暗鬼でした。密告すれば褒美がもらえたんです。第二次大戦中のフランスのユダヤ人と同じです。戦争中は、誰もが生き残ろうとしますからね。悪いことをした人も一概に非難はできません。生活条件が人を狂わせる、洗脳されてしまうんです」

未だに悪夢に悩まされる

「フランスへ着いたとき、まずフランス語を勉強しなければいけないと考えました。カトリーヌの知り合いの女性に教えてもらいました。夜遅く勉強したんですが、いまでもカンボジア語―フランス語の辞書を思い出します。私はほとんど全頁暗記しました。言葉を学んだのは、仕事をするためでした。もしいつかフランスを離れて、アメリカや他の国へ行くとしても、私はやはり言葉を学ぶことから始めます。

悪夢にはいまでもよく悩まされます。誰かに後をつけられる夢です。実際にはあまりなかったんですが、あの当時の辛かったことはいまでも頭のなかにある。自由な時間が持てるようになったら、カンボジアへ帰って、向こうの人を助けたい。そのために、晩年は向こうで生活したいと思っています。仕事やお金のためではなく、もし私で役に立つことがあれば、援助するために行きたい。私は国を捨て、ここで生活できて恵まれていました。国の人に比べたら、楽な生活ができた。だから、お返しに祖国の人のために何かできたらと思っているんです。

いまは忙しくて、そんな時間がない。援助団体があるので、そこへ行くようにして、寄付金を送ったりしています。それぐらいはしていますが、もっと援助できたらと思っています。フランス人がカンボジア人のための援助団体を作っているのを見ると、私はいても立ってもいられなくなる。私がしなければいけないことだと思うんです。正直言って、いまは時間がない。

引退したら、まずやりたいことは、この援助活動に身を投じることです。何か援助物資を送ることぐらいはできると思うんです。国へ帰るのは義務のように感じているんですが、問題は時間がなくてできないことです。もし身を投じたかったら、時間をそのためだけに使って、精一杯しなければいけません。それはここにいてもできますよね？

私は仕事を遅く始めました。60歳か65歳で退職するにしても、四十年間年金を払わないといけません。だから、あと少なくとも二十年働かないといけないんです」

これは、一人の勇気ある男性の証言である。彼は、フランス社会にできるだけ早く同化する努力をし、援助されて生きるのではなく、できるだけ早く仕事をして税金を納め、フランスにできるだけ早くお返しをしようとしている。ピトゥーの生き方は、勇気と努力そのものだ。愚痴一つ言わずに運命を受け入れ、自分で描いた道を進むのに努力をいとわず、毎日十時間、週末も働いている。無から出発した彼は、42歳でパリ西部にお洒落な庭つきの家を持つまでになっている。少し得意げに、彼は私に家へ来るよう誘った。総大理石で、ジャグジーつきの浴室が、彼の成功を象徴していた。

もう一つ、彼の人柄で心を打たれたのは、決めつける態度が全くないところだ。援助で生きている人や、貧しい境遇から抜け出すのに何の努力もしない人たちをも非難しなかった。彼がほのめかしたのは、常軌を逸したフランスの法制度で、下手をすると、仕事をしない方が再就職をするより有利になる点だ。例えば、ＲＭＩを支給されている場合、パートで働いて最低賃金をもらうと損をする。再就職して給与所得者になると、住宅手当は減り、住民税の免除もなくなる。フルタイムの最低賃金をもらっても、金銭的に得をするのはほんの僅かで、交通費や子供の世話をする人に払うお金を考えたら、実際にはゼロに等しいことになる。そこで、この「貧困の落とし穴」に対する対策が02年から取られた。それはＲＭＩと給料の併用を認め（最初の六カ月間は全額、次の六カ月間は半額）、低所得者には住民税の免除を拡大、収入に関係なく家賃の援助を続けるというものだ。

フランス国籍を申請中

次に、黒人男性の話を聞こう。イオアンは20歳。コートジボワール人で、モンペリエ大学医学部一年の学生である。コートジボワールは旧フランス植民地で、独立したのは60年。02年の9月に軍の一部が新たに反乱を起こし、三百人近い死者を出している。国内の政情は不安定のようである。

「僕の両親は、出身も国籍もコートジボワール。母と僕は、僕が2歳のときにフランスに来たんだ。最初、母は勉強のために来ただけで、残ろうとは考えていなかった。それが、コートジボワールの最初の内戦で（大学の試験さえ認められなかった）、母はここにいる方がいいと考えるようになった。両親は、僕にできるだけいい条件で教育を受けさせたいと望んでいたんだ。だから、僕は母と一緒にフランスに残ったってわけさ。それから、弟がここで生まれた。父は医者で、二、三年前までコートジボワールとフランスを行ったり来たりしていた。

だから、僕と母がフランスにいるのは十八年以上になるね。だけど、二人ともフランス国籍はまだ取っていない。僕はいま書類を申請中だけど、両親の場合はちょっと複雑なんだ。帰化に必要な書類、出生証明書とかは、コートジボワールでは揃えるのが難しい。こんなことをあえて言うのは、国籍を取らない僕たちを白い目で見る人がいるかもしれないからさ。他の国（とりあえずはフランス）で生活しようと決めた瞬間から、同化するのは当然に思えるんだけど……。現在のコートジボワールの政情と、両親が払った犠牲を見るにつけ、弟と僕はフランスで生活できるのは恵まれていると、それは強く意識しているよ。

税関でこんな思い出がある。マリから帰るとき、僕は既に税関を通っていたのに、外国人の列についていたのを見て、一人の係官が飛んできてね、荷物を調べて、お土産のマンゴーを手で触るんだ。中にいけないものを隠していると思われたんだ。僕は抵抗する気はあまりなかったけど、もしフランス国籍を持っていたら、そういうことにはならなかったと思う。国籍を見せたら、すぐ終ったはずだよ。つまり、僕らは同化しようと思っているのに、なかなかそういうふうには見てもらえないってことさ。

だけど、フランスにいて気分がいいことに変わりはないよ。じゃないと、コートジボワールへ帰っているよ。もう十六年以上南フランスに住んでいるから、教育と同じで、僕の一部になっている。南フランスの習慣とか風俗に、僕は完全になじんでしまった。まあ、モンペリエに住んでいると、自ずとそうなるし、僕はフランスにいるだけじゃなく、気持ちがすっかりモンペリエ人になっているのが自慢なんだ。

僕は自分ですっかり同化していると思っている。僕にはいい友人がたくさんいて、仲間とは問題を起こしたことがない。僕はわりと社交的だから、新しい友人もできやすい。僕が自分で同化したと思えるようになったのは、多くは両親の教育のおかげと、モンペリエという静かな町に住めたからだね。もし郊外地区に住んでいたら、ゲットー化されているから、もっと難しかっただろう。僕の場合、郊外地区に住んでいなかったから、同化も簡単だったと言えるかもしれない」

僕を白人扱いするのは最悪の侮辱

「二つの違った社会に足を突っこんでいると、あるパラドックスに直面しなきゃいけなくて、それがかなり大変だね。フランスにいるとフランス人らしくなく、コートジボワールに行くとフランス人すぎるって言われる。対応するのがなかなか大変なんだ。だって、フランスでは、外国人嫌いや人種差別主義者がいて、色々な問題があるなか、僕は同化しようと必死になっているわけでしょ。コートジボワールで一番びっくりするのは、人に『あんたはフランス人すぎてよくわからない』とか、『あんたはすっかり白人になったね』というようなことを言われるときなんだ。一部は当たっているかもしれないよ。僕の習慣は彼らとは全く違うから。でも、そういう類の言葉がどんなに人を傷つけるか、皆ちっともわかっていない。

僕にとって最悪の侮辱は、白人扱いされることなんだ。いや、白人が嫌いというわけじゃないよ、逆に大好きだ。でも、そう言われてわかるのは、人が最初にマークするのは肌の色だっていうことさ。これは否定できない。だから、皆まず僕が黒人なのを確認したうえで、白人のようだと言って、僕が黒人なのを誹謗《ひぼう》するんだ。黒人でいることを誇りに思っているのを、国の人に認めてもらえないと、よけいに傷つく。特に僕は国の人に認めてもらおうと努力しているからね。だって、小さいときにフランスに来た僕にとっては、それが最も重要なことに思えるんだ。僕は自分のルーツと、コートジボワール人であることを結びつけたい。僕ができるだけアフリカを旅行しているのは、そういうわけさ。医者になったら、数年間、アフリカの内陸部で人道活動をしたいと考えている。

去年の夏、ある団体と一緒にセネガルへ行って、学校や給排水設備を改装することになっていたんだけど、結局、マリに集まったのは四人だけで、具体的な計画もなかった。それでも、せっかく来たんだから、何もしないで帰るわけにいかないということになって、小学校で現在使われている教科書を持って行くことにした。そこで機械工学教育センターを建設している国立応用科学院の学生たちに出会って、工事の応援をしたんだ。といっても、僕たちのは本当に小さな力だけど、将来またこういう経験をしたいと思った」

黒人でいることの誇り

「フランスの人種差別に戻ると、前にも言ったように、自分で同化したと思っていても、反対のことを言ってくるバカな人は必ずいる。僕も人種差別に苦しんだことは確かだけど、幸いにも、古くさい侮辱の域を出ていなかったし、一回、ナイトクラブで入場を拒否されたぐらいかな。こういう態度を取られると、黒人であること、自分でいることへの誇りを強くするだけだ。そういう人種差別主義者を一番苛《いら》つかせるのは、この誇り、自分に満足しているということを、はっきりあらわすことなんだ。そのために僕は頭をドレッド・ロックにしているってわけさ。全体的に、僕はこの種の差別に対してだんだん強くなっている。まあいい、何だかんだ言っても、僕は自分が体験した人種差別しか話していないし、それもフランスのごく狭い地域の話だからね。

フランスでもアルザスのような地方では、他より人種差別主義者が多いのは事実だね。黒人に対する人種差別は、何でかわからないけど、アラブ人に方向転換されているね。僕の結論としては、フランスは大半が人種差別主義者の国ではないけれど、不幸なことに、このマイノリティ（02年の大統領選では15％）がますます増えつつある。これは恐怖だよ！」

難民の身分だった

次にアジア系の女性の話を聞こう。セシル・ミンは26歳。カンボジアから来た中国系フランス人の女性で、フランスに来たのは5歳のときだった。

「私は80年、5歳のときに家族と一緒にフランスに来たの。難民の身分だった。全員で六人で、落ち着いた先はパリの郊外。フランスへ来たのは、安住の地を探していて、いいイメージがあったから。安定していて、他の国よりオープンだった。多分、母の家族がフランスにいたからだと思うんだけど、確かなことは知らないわ。親戚はアメリカにもオーストラリアにもいるから。私たちはカンボジアから直接来たのではなく、タイを経由してきたんだけど、私はまだ小さかったから、タイにどのくらいいたのか覚えていない。

私たちは中国人だけど、カンボジアにいたのでカンボジア国籍だったの。フランス国籍を取るときに、母が私の下の名前を変えた、義務じゃなかったんですけどね。私の友だちのラオス人やヴェトナム人でも、名前を変えた人がいるわ。ちょっと変かもしれないけど、どこかで、これはバカげているとはいえないと思う。なぜなら、同化して、仕事を探し始めるとき、履歴書に本名のウェイ・ミンって書くと、損することがよくあるの。この点では、アラブ人と比べるとまだいいかもしれないけど。

両親が話すのは広東語と、もう一つ別の中国語で、これはパリの中国人の間でとてもよく使われている。両親はヴェトナム語とカンボジア語も話せるの。フランスに来る前、父は石炭の運送と販売をしていた。小さな食料品屋もやっていた。パリの郊外の小さな町に住むことになって、援助団体が父の仕事を見つけてくれた。市で雇ってもらって、道路の清掃人。着いたとき、父はフランス語を一言も話せなかったの。母はベビー・シッターを少ししていたわ。母は外国人の大人のためのフランス語講座と教育を受けて、おかげでお店のレジの仕事に就けた。レストランでのバイトだった。でも、定期的にあるわけじゃないし、必要なくなったらすぐに首。お医者さんの家でベビー・シッターもしていた。同じ町だったから、夜には家に帰ってきたわ。いつもパートだったから、そんなに大変じゃなかったみたい」

成績がいいと、何も問題がない

「私は幼稚園から高校まで、パリの郊外の学校へ行っていたの。幼稚園からだったから、補習コースは受けなかったけど、10歳と12歳の二人の姉は、一年生のクラスに編入されたの。クラスの奥で、自分たちより小さな子たちの後ろに座っていた。基本から始めて、先生たちが休み時間に補習をしていたの。兄も一年生から始めて、姉たちはその後いっぱい飛び級して、年相応のクラスになったわ。私も飛び級した。私たち姉妹は成績がよかったから、受けもよかった。成績がいいと、何も問題がない。

当時、私たちが住んでいた郊外は、まだそれほど外国人がいなかった。多分、アジア人は二家族だけだったんじゃないかしら。私のクラスにいたのはポルトガル人と、海外県のグアドループ島とマルティニーク島の子だった。中学生になってから、クラスに一人か二人、アジア人がいるようになったわ。

高校は、郊外でも『熱い』地区、パリの北のセーヌ＝サン＝ドゥニだった。私たちは違うところから通っていたから、郊外地区の子たちにはブルジョワと思われていたわ。郊外地区に住んでいる友だちがいたけど、私が住んでいるところとはやっぱり違っていた。物音一つしなくて、寂しくて、皆閉じこもっているの。本当にいけないと思った。七、八年前は、子供たちはまだ外で遊んでいたわ。いまはよく知らないけど、五階建ての建物が並んでいて、高校生たちが授業のあと、ゴミ箱を蹴ったりして遊んでいるみたいね。大人はそれを見ても叱らないし、何も言わない。あとでドアに落書きされるのが怖いからよ。私がそこを通るときは、小さくなって、なんとなく急ぎ足になるの。皆そこを郊外地区と言うけれど、私にはピンとこない。だって、私の高校は入学の五年前に建てられて、建物はまだ新しいし、校長もとても厳しかったからよ。私が通っていた頃は、まだそれほど問題がなかったの。確かにいまは、移民の子が増えたけど、私もつきつめたら移民の娘だし……。だから私は決めつけないようにしているの。

アジア人は一生懸命頑張るから、いいイメージを持たれている。私にも高校生のとき、このイメージがこびりついていたわ。『あんたは中国人なんだから、勉強ができるはずよ』とか言われて、ちょっと重かった。プレッシャーと、嫉妬のようなものも感じたわ」

受け入れ体制はいい

「フランスの受け入れ体制はいいと思うわ。難民だと嫌な思いをしないように何でもしてくれる。小さな子供だと、着るものももらえて、とても親切。学校でも、皆と同じに扱ってくれるから、そういう意味での差別は本当にない。私はまだ両親の家にいるの。郊外の地下鉄を利用しているんだけど、大学から夜に帰るときは怖いわ。電車がパリの北駅から出て、郊外に入ると、少し怖くなる。駅の出口には、大きな犬と一緒に警備員がいるほどよ。犬の先生って呼ばれているけど、もしそういう人がいなかったら、助けてと叫んだとき、誰が来てくれるの？」

難民としてフランスに来たカンボジア人、ラオス人、ヴェトナム人の大半がそうであるように、セシルの家族もカンボジアの中国系少数民族に属している。彼女の学校での成績が優秀だったことは、移民問題に詳しい歴史家で文化人類学者のエマニュエル・トッドが『移民たちの運命』（94年刊）のなかで書いている内容とも一致する。彼が注目したのは、77年と78年に行われた中学と高校の調査で、成績が「良または優秀」とされた生徒の59％が、ヴェトナム人、カンボジア人、ラオス人だったのだ。また、92年に行われた世論調査では、周りから嫌われていると悩むアジア人は少ないことがわかるのだが（18％。それに対してマグレブ人は41％）、エマニュエル・トッドの観察によると、この数字は奇妙なことにフランス在住のユダヤ人に近い（19％）。

ただし、一世のアジア人たちも、他の移民と同じように大変な苦労をしたことを忘れてはいけない。90年の失業率を見るとわかるが、ヴェトナム人、カンボジア人、ラオス人と、マグレブ人の数字は非常に近い（それぞれ21・3％と22％）。

フランス人は決して満足しない

ではこの章の最後に、少し楽天的なアルジェリア女性の証言を紹介しよう。レイラは26歳。美容師で、パリに住んでもう十年になる。いまの自分にとても満足し、パリでもアルジェリアでも、ぶつかる問題には冷静に対処している。

レイラに会ってまず驚いたのは、その美しさと、朗らかさ。体を揺すって笑うので、開放的な印象を受け、歯並びがまたパーフェクト。彼女なら誰の顔をもほころばせるだろう。とても女性的で、メッシュにしたブロンドのロングヘアの巻き毛が肩にかかる。日焼けした肌に、全身白の装いがまたよく似合う。私は最初はイタリア女性かと思った。アクセントに少し「太陽」の匂いがあったからだ。彼女にはエジプト出身の歌手ダリダや、チュニジア出身の歌手ラアームのような雰囲気もある。身長約1m58cm、体重40kgは、プロポーション抜群のミニチュア・モデル、1m90cmの男性とはデートしたことがないと、彼女は笑いながら言った。

「私、この国にはウンザリなの！　パリだけじゃなくて、この国によ。他の国に行きたいんだけど、ちょっと心配で……。アンティル諸島へ行ったんだけど、正直言って怖かった。なぜだかわかる? すぐに娼婦に見られるのよ。なかには私を羨ましがる女の子もいた。フランス人は決して満足しない。いつも文句を言っている。私は笑うことが大好きなの。結局、人生はなるようにしかならないのに、笑う時間がもったいないって言っていたら、私には意味がない。あなたはさばけているわ。あなたは好きよ」

アルジェリアには二度と戻らない

「アルジェリアで何があったか、あなたは知らないでしょ? 私は十年前にここへ来たんだけど、アルジェリアへはもう二度と戻らない。向こうの男は皆マッチョ! 私はマッチョな男は大嫌い!

ボーイフレンドとスペインへ行ったの。で、私は一人じゃないのに、スペインの男たちは私の水着姿を見て『ビューティフル! ビューティフル!』って言い続けていたわ。私がアルジェリアにいたらどうか、想像してみて。海に入ると、カミソリの刃で傷つけられるのよ。嫉妬か意地悪か知らないけど。アルジェリアで雪が降ると、何をすると思う? 雪の玉にカミソリの刃や石を入れるのよ。おかげでここへ来てからも、雪が降ると、なんて恐ろしいと思っちゃう。雪でただ遊べるなんて思ったことがなかった。そう、私にとってアルジェリアはもう過去よ。

私はチャドルは死んでも嫌。自分の顔を隠すなんて許せないわ。そんなのイスラムじゃない。

イスラムはもっと内面的なものよ。スカーフとも関係ないわ。そういうものはこれまで一度もつけたことがないし、これからも決してつけないわ。

ここも治安が悪くなっている。私はいざというときにそなえて、バッグのなかにいつも催涙スプレーを入れているの。冬に一度やられたの。いまは夏だからいいの。町にはたくさん人が出ているし、日が暮れるのも遅いから何も危険はない。怖いのは冬。町に猫一匹いなくなるから……。暴力を受けた女性はフランスにもいるのね。暴力を受けた男性の団体もあるし（笑）」

子供を産むには、まず男性を選ばないと

「ここへ来たとき、私は最悪だった。16歳で、体重は30kgしかなかった。おまけにひどい貧血だったの。でも私はとにかく、離婚してフランスへ行った母に会いたかったの。母は祖父母のところに私たち四人の子供をおいて逃げてしまったの。私は祖母をママ、祖父をパパと呼んでいたの。いまでも私がどんなに寂しい思いをしているか、わかってほしいわ。父もいないのよ、私の気持ちわかる？

子供と一緒の人を見ると、私は嫉妬を感じるの。私は子供が大好き！　誰かにママって呼ばれたくてしょうがない。もし子供を産んだら、私がもらえなかったものを全部与えるわ。でも、子供を産むには、産んでもいい男性を選ばないと、育てるのが大変だから。母は五人も産んだの。18歳で結婚して、避妊なんてしないから、そうなるのよね。母はいま58歳で、一番上の姉

が40歳。十八しか違わないの。母娘というより姉妹よ。

私はいま26歳で、43歳のチュニジア人男性と一緒にいるの。彼は一生懸命働いているから、私には文句は言えないわ。骨董屋で、リールやヴェルサイユへ行くのに、朝の六時に出かけることもよくある。帰りは夜の九時とか十時になることもある。だからいつも外食。パリだと、四食に五百フラン（約一万円）覚悟しないといけないわね、だいたい二日分だけど。この値段だと、家で面倒くさい料理をするより、外食の方が安上がりなの。私は毎日九時から八時まで、お昼にちょっと休むだけで働いている。カフェレストランにちょっと座るだけの時間よ、それでお昼は終りなの。家へ帰っても、料理をする気になんかならないわ。外食をすると、自分で自分をかまっているみたいな贅沢な気分になる……そういうこと！

それに、彼は家のことを何もしない、何もよ！　だから、こう言ってやるの、『あんたは何もできないのね！　本当に役立たずだわ！』って。でも、彼は必死で働いているから、私には文句は言えないわ……」

第五章　女性は同化の原動力？——ブールの女性たち

こんな女の子は、何の役にも立ちやしない
毒を飲ませるか、首を締めてもらうか　（アルジェリア・カビリア地方の俗言）

ブールの女性はフランス女性以上にフランス人！

93年4月の『ヌーヴェル・オブセルヴァトゥール』誌の記事、「移民——闘う女性たちの足どり」のサブタイトル「ブールの女性はフランス女性以上にフランス人！」は、ブールの女性たちの静かな抵抗をあらわしている。

とはいえ、その闘いは容易ではない。なぜなら、ブールの女性は早くから母親を助け、家事や兄弟の世話をするように仕向けられるからだ。毎年のように子供が増えたら、その役から逃れるのは難しい。新しい兄弟姉妹が生まれたときのことを、ナイマは『フランスの女性たち』（99年刊）のなかで次のように語っている。「もうウンザリ。顔も見たくもない。ママが病院から帰ってきたとき……私は嬉しくなかった。私は全部我慢していた。自分の意見を叩きつけたかった」

女の子、とりわけ長女は、家族の重みを突きつけられ、伝統から逃れるのにありったけの力で闘わなければならない。イスラム圏で女性蔑視が再生される要因は、母親にあることも有名な事実だ。国立学術研究センター所長で、民俗学者、『娘対母親―マグレブの母性と家父長制』(92年刊)、『フランスのブールの娘たち』(85年刊)などの著書があるカミーユ・ラコスト＝デュジャルダンは、マグレブの少女に特有の難しい問題は、両親との関係からくると言う。母親の手伝いをさせられるからだけではない。8歳になるや、その年齢の少女にはとても責任が負えないと思われること、例えば、文字が読めない両親に代わって税金の書類を作成させられたりするのだ。両親につきそって県警へ行き、滞在許可証を更新するための通訳や手続きをするのも彼女たち。男の兄弟には何も頼まず、しかも男の子なら何をしてもよく、女の子に世話をしてもらって当然とされているのだから、許しがたい。更に女の子は、生理が始まるや、過度に監視されるだけでなく、強制的に結婚させられる危険が高まってくる。そんなブールの女性たちの、悲惨な証言は枚挙にいとまがない。次は、彼女たちの何人かの足どりである。

ソラヤ、ファティマ、アイシャ、ファリダ、その他多くの女性たち

ソラヤ・ニニは、自分の悲しい体験を『私はブールの女……』という本にして出版(93年刊)、それを映画監督のフィリップ・フォーコンが映画化した『サミア』は、01年1月に公開された。トゥーロンの郊外地区で、七人の兄弟姉妹とともに育った彼女は、耐えきれずに家を出た。

「家事と退屈から逃げるため。いいえ、特に妹たちを足で蹴って虐待する兄から逃げるため」。彼女は七年間、両親の家へは一度も帰らなかった。養護教員になり、結婚して母親になった彼女は、以来、文を書くことに専念している。いまになって父親はこんなことを言うそうだ。「これを、娘や、本に書けばよかったのに……」と。

ファティマは、夫から一方的に離婚させられた。彼女がバカンスでモロッコに帰っている間に、滞在許可証を取りあげられてしまったのだ。夫は六人の子供を自分の家族に託して再婚を望んでいた。彼女は何とか切り抜け、八カ月後、六人の子供を連れてフランスに戻った。以来、家政婦をしながら子供を育てて十年になる。

「私の両親は、私がフランスで生きているより、ここで死ぬのを見たいようです。お願いです。助けて下さい。私は自殺する寸前です」。アイシャ・ベナイサの告白本『フランスに生まれて』(90年刊)は、こんな書き出しで始まっている。助けを求める、この絶望的な手紙は、彼女が通っていた高校の校長宛に送られた。フランスで、カビリア地方出身の両親から生まれた少女アイシャは、そのとき、アルジェリアの親戚に八カ月間軟禁されていた。この事実が公になったとき、ブールの少女たちが置かれた厳しい状況に、激しい非難の声が沸きあがった。それから五年後のいまも、アイシャは復讐を怖れて身を隠したままである。

学校の成績がよく、五人兄弟の長女だった彼女は、最初は、工事の現場監督をしている父親にかわいがられている。責任感があって、よく気がきく女の子。母親を助けて家事や料理をし、

8歳で、字の読めない両親に代わって社会保障や納税の書類を書いていたというのは、なにあろう彼女のことだ。「私が12歳になったとき、全てが一変した。最初の生理があった夜、母は一つのことしか言わなかった。『お前は女だ！　お前は不純だ！』。すぐに私は、男性から身を隠さなければならなくなった。下を向いて歩く。ジーンズとバスケットシューズを捨て、ヒールの靴と、挑発的なタイトのスカートをはく。私の女らしさをずたずたにする一方で、女の理想とされる原型を押しつけられた……」

処女でなければ娼婦

ブールの少女たちは、『ヌーヴェル・オブセルヴァトゥール』誌によると、大人しく言うことを聞くタイプと（大部分である）、アイシャのように反抗するタイプに分かれるそうだ。「処女でなければ娼婦と、決めつけられてしまう。だから私たちは早くから、嘘をつき、だまして、自由な時間をかすめとる術を身につける」とアイシャは説明する。

悲劇がおとずれたのは、彼女が19歳のとき。カトリックのイタリア男性と恋に落ちたのだ。知らない男性と強制的に結婚させられる危険を肌で感じていた彼女は、数カ月間家出をし、再び家族のもとに戻る。家に帰るのを許してくれた両親の寛大さにこたえ、彼女は父からの「アルジェリアの従兄弟の結婚式に家族を代表して行ってくれ」という申し出を受け入れる。こうして彼女はアルジェリアのおばの家に閉じ込められたのだ。「女の子を無理やり連れ出すことはない。バカンスと言ってだますのです」と、彼女自身は語っている。

アイシャの場合、彼女がフランスに送った数多くのSOS、特に校長に宛てた手紙と、ボーイフレンドのアントニオの運動、最後に彼女の父親が許してくれたおかげで、無事にフランスに戻り、めでたく彼と結婚することができた。「アルジェリアで何も変わらなかったら、女性には希望も何もない」と彼女は語る。しかし、彼女は助かったが、気持ちはブルーに落ち込んだままと、記事は締め括っている。

ファリダの場合

もう一人の体験はドラマティックだ。自由さにおいて、周りのフランスの女の子の友だちとギャップがありすぎた。それがファリダ、ザイールの姉のケースである。母親の圧力に耐えきれず、ずたずたに傷ついた姉のことをザイールは著書に書いている。以下はその抜粋である。

「今日、ファリダは40歳になるはずだった。生涯を通して、彼女は苦しんだ。私たちの家族のたった一人の女の子だったから。絶えざる苦しみ。ファリダは父を求めていた。母は娘に、いつもそばにいる、大人しい、アラブの女性を夢見ていた。

それはファリダにとって重すぎた。彼女は反抗的で、自由な女性だった。そして全てを耐えた。現代における中世への逆戻り。母にどう説明したらいいのだろう？　ファリダは、母がアルジェリアにいたから体験したことを、フランスでまた繰り返すために生まれてきたのではなかったと？　母はファリダをアイロンかけの女にしたかった。家事をして、私たちに食べさせる……。母に同情し、母を支え……、一緒に泣いてくれる娘。現実は、叩くために、苦しませるためにそばにいてほしい誰か……。

私たち男の子は、好きなことができた。私は12歳で共産党の祭りに行き、兄たちは煙草を吸い、夜遊びをしていた。ファリダは、付き添いがなければどこにも行けなかった。全てが禁止されていた。そして彼女は、母が禁止したことを全てした。母は、娘がふらちものに見られるのを極端に心配していた。

可哀想な姉は、13歳で既に抗鬱剤を飲んでいた、忘れるために……。彼女は、友だちのフランス人の女の子たちが、はちきれんばかりに楽しんでいるのを、まのあたりに見ていた。彼女のほうは、家でいつも意地悪をされていた。

長兄のファリドは、彼女を決して助けなかった。姉が外出したことを兄に知らせてはならなかった。恐怖だった。兄は一家の長を演じていた。ファリダはナイトクラブに行ったことがなかった。行けたとしても、母が一緒だった。二人が朝まで踊っているのを想像するのは難しい。こんなに悲しいことはない。そうでなければ知り合いと一緒に行ったのだが、これは恒常的なコントロール、想像もできない抑圧だった。こうしてそのうち、姉が家にいると、男の子は皆一刻も早く外へ出たがるようになった。叫び声が飛びかい、緊張感が漂う世界にいるのは、やはり辛かった。

姉は美しい女性だった。18歳で結婚して、カマキリの母親から自由になった。実際にあの母なら、姉が初めて男と寝るベッドにも入りたかっただろう。ファリダにはすぐ子供が生まれた。男の子で、名前はヤミン、いまは20歳だ。ヤミンの父親を、私はよく知らなかった。何かあったときとか、ヤミンを迎えに行ったときに会ったことはあるが、話をしたり、知り合いになる状況ではなかった。ヤミンには両親がいない、というかそれに近い。二度と父親に会うことはなく、母親も亡くなった……。ファリダは女の子も産んだ。ファイザという名前で、私たちはフィフィと呼んでいる。彼女にも父親がいない。父親は娘が生まれた後、何かの殺人事件に関わって、アルジェリアへ追放された」

ギャングや麻薬中毒者と会う

「ファリダとは、定期的に会っていた。病院へ迎えに行かなければならないときは、いつも私が行った。ときどき彼女の友だちにも会ったが、皆ごろつきだった。彼女は煙草を吸い、酒を飲み、抗鬱剤を飲んでいた。私たちは彼女を引き取りに、病院や、嫌な雰囲気のバーへ行った。いつ明けるともしれない夜だった。

彼女は鬱病だった。自殺未遂を何度もして、何度も手首の静脈を切った。真冬にサン＝マルタン運河に飛び込んだこともあった。彼女が会っていた男は、ギャングや麻薬中毒者だった。ファリダは、彼女を食いものにする男としか会っていなかった。しかし彼女は愉快で、陽気だった。ファリダは信じられないほど強い意志の持ち主だった。心が広く、彼女の家には誰でも泊まれた。宿のほしい者は、突然、予告なしに行って、彼女の家に落ち着いた」

姉が警官とデートしたときは面白かった

「ファリダは、再び仕事を始めた。中学校に職を見つけて、身を入れて働いていた。もう立ち直れないだろうと思っていた私は、彼女が精神的に安定して、生まれ変わっていくのを見た。まるで魔法だった。突然、彼女はまた勉強を始め、本を読み出した……。私たちにとっては何という喜び！　彼女は息子と団地に住み、娘は母のところにいた。全てが好転した。彼女はフランスの警官と恋にも落ちた。彼は素晴らしい男で、彼女を助けて立ち直らせた。彼は彼女の子供たち、ヤミンとフィフィを愛し、私の母を笑わせた。私たちは、ものを盗んだり、薬を飲んでいた彼女が、警官とデートするのを見てむしろ面白がった。そして、健康診断の途中で、彼女がエイズになっているのがわかった。こんな悲しいことがあるだろうか。彼女がこれまでしてきたことへの報いのようだった」

死は解放だった

「最後の瞬間まで、私たちは彼女のそばにいた。現在ならエイズのことは誰でも知っているが、月日がたつにつれ、彼女の状態は悪化していった……。彼女は恐ろしいほど苦しみ、痩せこけ、美しい髪も抜け、これ以上ないほど弱々しくなった。

彼女が亡くなった後、私たちは彼女が医学の実験台を引き受けていたのを知った。そのために彼女はあれほど苦しんだのだと、私は思う。死は、一つの解放だった。私は姉を助けようとしたのだが、闘う前から負けていたのだ。母は中世から二十一世紀に戻ってきた……。これを私は完全なる同化と言う。いいことも、悪いことも、全て受け入れなければならない」

弟のザイールに言わせると、ファリダは父がいないことで非常に苦しんだのだが、彼自身は逆に、父親のいないことがチャンスだったと信じている。

ナナ・ブール、ブールの女たち

「ナナ・ブール（Nanas Beurs）」は、ブールの女性たちの駆け込み寺のような役割をしている援助組織である。この組織の概念が生まれたのは95年、パリを中心としたイル－ド－フランス地方で、目的は次頁の図にあるように、人種差別や性差別、権利の平等のために闘い、家族の問題で悩むマグレブ出身の若い女性を受け入れることにある。「ＳＯＳ人種差別」や「ブールの歩み」といった組織の勢力範囲に含まれ、左派政権の到来を印象づけた、81年10月9日に成立した法律の後、続々誕生した移民組織の一部である。ナナ・ブールの活動は、元代表の女性のアパートメントの一室で始まった。彼女は家族と対立している若い娘をかくまっていたのだが、場所が確保できると、組織を創設することができた。元代表は、人種差別や性差別への闘

ナナ・ブール　第2条2項に定義された組織の目的
1 人種差別、性差別に反対し、権利の平等を求める闘いである
2 移民や移民出身の女性、若い女性たちの身分や条件の向上を求めて行動する
3 女性たちが犠牲になるあらゆる形の暴力に対して闘い、組織で受け入れた女性たちに必要な援助を実行する
4 移民の女性たちの記憶や歴史を尊重する
5 女性同士の援助と連帯を、全国的、国際的レベルで展開する
6 女性が社会と職場に同化するために行動する

いを率先して行う一方、電話相談の窓口を開き、女性にふりかかる法律的な問題、例えば離婚の手続きから国籍の質問にまで答えるよう努力した。助けを求めて駆け込んでくる女性は、年間千五百人にのぼり、組織の継続が保証された。

多かったのは滞在許可証などの問題だが、それより特に、暴力的な家族との対立、つまり、強制的な結婚から逃れるために家出をしてくる女性が目立った。彼女たちは、アイデンティティの危機を乗りこえようと、助けを求めてやってくる。忘れてならないのは、同じ年齢で、思春期の少女の自殺率はフランス人の女の子より二倍も高いことだ。ちなみに、15歳から24歳の若者の死因で、自殺は事故死に次いで二番目。ここにも、解放を求める女性たちの闘いの難しさが反映されている。

組織としてのナナ・ブールはといえば、あまりの忙しさに、併行して行っていた活動を中止せざるをえなくなった。外へ出ての出会いの場や、アラブ語や英語、ダンス、演劇などの講座をやめ、女性の家族問題や夫婦問題に絞ることにしたのだ。現在、事務所があるのは、地下鉄のブーローニュ－ビランクール駅。すぐ近くにルノー

の工場と、周りの郊外地区があり、そこに住む移民の女性たちがアクセスしやすい場所になっている。

現在、ナナ・ブールの代表を務めているファティマ・ラシュカル＝ジョルジュは、猛烈なフェミニスト。彼女は97年からここで、移民出身の少女たちの自立を助ける使命に乗り出した。彼女が組織に関わるようになったきっかけは、彼女自身の物語と深く結びついている。モロッコからフランスに来たのが12歳のとき。85年、16歳で家を飛び出した彼女は、隣人で、積極的なフェミニストの闘士、スアドの家に転がり込んだ。

少女の本当の敵は母親たち

ファティマの活動は、いまのところ、マグレブの家族が抱える伝統的な文化のタブーを打ち破るに留まっている。しかし、ブールの女性たちのステレオタイプが大きく変わってきていることも確かだ。それに対して彼女は、「一般に、女の子たちの方が男の兄弟より安心で、フランス社会によく溶け込んでいると言われていますが、それは間違った見方です。彼女たちはあらゆるハンディを背負い込み、同化するのに大変な苦労をしているのが事実です。彼女たちは若いうえに女性であり、外国出身だということです」と反論する。

ファティマはまた、移民第二世代の少女たちの本当の敵は母親で、娘を「女の子はこういう服装をしない、煙草を吸わない、夫には食べさせてあげるものだ……」と、厳しくしつけるからだと主張する。これは前述の国立学術研究センター所長で、民俗学者のカミーユ・ラコスト＝デュジャルダンの意見と全く同じである。

ナナ・ブールは、ソシアルワーカーや学校の保健婦、教師などの依頼で、問題のある少女たちの世話をしているのだが、常勤のスタッフはもうお手あげ状態だ。ファティマが語る。「少女たちはここですっかりくつろいでいます。私たちは同じ出身で、同じ苦しみを知っている。彼女たちは多くを語らずとも、ここでは全てわかってもらえるのです」

ファティマが特に願っているのは、少女たちにここを出て、自立できる力を与えることだ。難しいのは十分にわかっている。家族と決別する決心をしてしまうと、精神的な苦しみから、麻薬に手を出したり、娼婦になってしまうことがよくあるからだ。それが、家を出たブールの少女たちが直面しがちな現実でもある。ナナ・ブールは、少女たちが悲惨な事態に陥らないよう、日々努力している。

話して、聞いて、情報を与える場

では、ナナ・ブールは実際にどんな活動をしているのか、事務局長のサミア・アクトリ（36歳）に会って話を聞いた。

「私たちの組織の主な活動は受け入れです。それはそれは色々な問題があるわ。最初の頃は、いまでもだけど、事務的な手続きの問題が多かった。フランス語を知らない人のために、手紙の書き方や賃貸証明書の作り方を教えたり、権利について説明したり。彼女たちは情報不足だったのよ。だからもちろんここは、話して、聞いて、情報を与える場になるわけ。例えば、もし困っていたら、彼女たちには家族手当や社会的援助を受ける権利がある。でも、ソシアルワーカーの事務所や役所へ行っても、窓口の人は彼女たちの文化が理解できなくて彼女たちの要求に応えられない。電気料金の払い方を聞いても、時間がないと言われ、後ろに隠れている問題に気づいてもらえない。その点、ここはアットホームなの。スタッフにはフランス人の女性もいるけれど、マグレブの女性にしてみたら、自分たちの言葉で話して、二言三言でわかってもらえる方が楽でしょ？

それに、サン＝パピエの合法化を認めたシュヴェーヌマン法が生きていることによる、あらゆる法的な問題もある。だから、私たちの組織はそれら全てに取り組むことに決めた。法律の教育は受けていないけど、必要な書類を作成して、情報を与える援助をしてきたの。ここ二年間は、こういう類の要請が多かったわ。滞在許可証を取るための書類を作成して、許可証がもらえたら、住居、子供、結婚、外国人の権利、離婚による法的な問題になるの。

祖国で結婚した女性たちはいま、重い口を開いて離婚したいと言い出している。移民一世の女性たちがよ。でも、どうしたらいいかわからない。そういう権利があるのか、ここで離婚できるのかもわからない。彼女たちは夫の権威から解放され始めている。それもここで教えたり、指導したりするの。それから、若い女性の家族との断絶。その裏には、話したい、聞いてほし

サミア・アクトリ
（ナナ・ブール事務局長）

いという欲求がものすごくある。家族との断絶というのはつまり、強制的な結婚とか帰国、あるいは、ただ単にここで育った若い女性の考えが両親には理解できないということね。フランスの学校で教育を受けた彼女たちは、家と外の二つの文化の、どこに身をおいたらいいのかわからないでいる。権威にはイヤだと言えても、話を聞いてもらえていないのが現実なの」

肉体的暴力以上の精神的暴力

「ここへ来る若い女性たちは全員、理解してもらえないことで苦しんでいる。具体的な計画を持って来るわ。『家出しました。どこか住めるところを探しています』『助けて下さい。両親が私を結婚させたがっている。どうしたらいいかわからない』。更には『兄が私を叩いて、外へ出してくれない』『父に学校へ行くなと言われる』……。これは全て両親が抱える問題でもあるの。外の世界を忘れて、娘を昔ながらの文化でしつけようとした。外には違うものがあって、娘たちはオープンになり、違うものを求めているのが念頭にない。それが家族のなかで大きな問題になっている。

ところが、彼女たちをかくまう場所は多くないし、施設も十分じゃない。女の子が路上にいたら、一一五番に電話して、緊急医療サービスを呼ぶしかない。でも理想とはほど遠い。緊急医療サービスは社会全体のためにあって、家出した女の子を拾うためだけじゃない。未成年の場合、ソシアルワーカーに預けることもできる。プロだと対処の仕方もわかっているからよ。でも理想はやっぱり、行政とパートナーシップで動くことね。残念なのは、ソシアルワーカーがなかなか理解してくれないこと。少女がここへ来て、家出したい、父が結婚させたがっているなどと言ったら、私たちならすぐどういうことか、裏の意味がわかるけど、背景を知らないソシアルワーカーには理解できない。『外出できなくて当たり前。それがあなたのお父さまの教育方針でしょ』としか言えない。あるいは少女が結婚したくないと言うと、結婚は義務じゃない、嫌ならそう言えばいいだけでしょと言う。事はそれほど単純ではないことがわかっていない。それもあって私たちは、ソシアルワーカーはそういう需要に応えることができず、だから少女たちはここに来るんだと納得している」

攻撃と不正に痛めつけられている

「確かに私たちのような組織はそんなに多くない。移民の組織はあるけれど、文化的な意味合いの方が強いでしょ。洋裁や料理を学びましょうと言って、女性たちを家から連れ出すのはとてもいいこと。仲間が集まって、色々な話ができるからよ。それはいいけれど、彼女たちを解放して、ちゃんと権利があることを話し、どうしたらいいか説明することも重要なの。それが、私たちがする仕事なの。ここへ来た女性たちの要望に応えて説明しているうちに、突然、彼女たちは気づく。自分たちは一人の人間で、服従する義務はないんだって……」

家では「無」だと繰り返し言われる

「そうやって説明することが全て、女性たちを自由にする方法でもあるの。彼女たちはもちろん、したいことをするけれど、その前に私たちが情報を与えている。彼女たちは何も知らないし、怖がっている。仲間同士でいるか、家で子供の世話をしているんだけど、突然、違う世界もあることに気づく。私たちの組織の目的の一つは、彼女たちを解放するお手伝いをすることだけど、でも、家を出てほしいとは思わない。その反対よ。理想は家庭に残ることなの。彼女たちにとっては必要だから。ただ、それができない女性たちもときどきいる。家を出るかどうか決めるのは彼女たち。私たちが出なさいと言うわけじゃない。その場合の理想はもちろん、準備を整えたうえでの家出だけど、たいていは急を要するから、そんなことを言っていられない。彼女たちはもう精根つきはてている。耐えて耐えて、私たちのところにどうしたらいいか聞きに来る。私たちは聞いて、一緒に話して、彼女たちの両親がどういう教育を受けたかを説明する。なぜなら彼らは、攻撃と不正に痛めつけられているからよ。これは、両親の暴力を許すことでも、禁止事項を受け入れることでもない。両親がなぜそうしたかを説明し、喧嘩のたえない状態から、少し距離をおくように仕向けるの。彼女たちに考えてもらって、彼女たちにも人生があり、権利があり、自分たちは犠牲者で、罪はないことをわかってもらう。彼女たちは罪悪感を抱いてここへ来るの。精神的な脅しと、家族の結びつきがとても強い。それも悪い意味でね。つまり、彼女たちは家で、お前なんか「無」だと繰り返し言われているの。

私が若い女性に、望んでいることは何かと聞くと、素直に答えることができない。なぜなら、家では意志のある人間としてそういうことを聞かれたことがないからよ。しなければいけないこと、してはいけないことは言われる。自分たちの役ではないことをさせられていた。母親でもないのに、兄弟姉妹の世話をして、母親の代わりをさせられた。母親はそれを娘に義務づけて、よい妻、よい母親になるように準備した。だから、彼女たちは幾つも顔を持っているんだけど、一人で背負いこむには重いのね。ある程度言いなりになるのは、他に選択肢がないからよ。でも、ある時期がきたら、鬱憤がたまりすぎてくる。黙って言うことを聞きなさいと言われ続けたら、精根つきはてて崩れてしまう。それは強制的な結婚だったり、唯一自由な空間だった学校をやめろ、だったりするわけ。

母親は娘に、重い責任を不相応に負わせている。私もそういう光景を見たわ。母親が外で遊んでいる6歳の男の子に、弟の面倒を見るように言っているの。6歳といえば遊びたい盛りでしょ。でも、もし弟が転んだりしたら、その子の責任になるのよ。こんな重い責任を子供に押しつけてはいけない。子供に責任感を持たせるのはいい。でも、父親の役まで負わせてはいけない。女の子にとっても、それは同じなの。

男の子もまた色々と耐えているんだけど、話題にならないのは、自由に動けて、外出もできるからよ。何とかなる。逃げたいときに逃げられる。それでも、女の子と同じように重い禁止事項があるの。なぜなら、母親の理想は、男の子を結婚させることでもあるからよ。女の子と同じなの！　男の子も伝統に縛られて生きている。家で妹を管理しろと言われる。パパがいるのに、お前はこの家の男だと。早くからそうしつけられるから、女の子は男の兄弟から暴力を受けることもあるの。お前はこの家の男だから、責任があると言われるのも、男の子にとっては重いわね。責任を持たされるのは誇りでもあるけれど、重い。男の子は従うんだけど、重要なことは、教育の見本が女性から与えられることなの。夫の意見に賛成していなくても、言う通りにする母親もいれば、夫に任せられた母親もいるけれど、いずれの場合も、禁止事項は母親からくる。父と子の話し合いは、まだまだ難しい……」

マグレブの家族に会話はない

「打ち解けた会話なんてとんでもない！　性にまつわることは全てタブー。女の子の気分がすぐれなくて、それで試験の点が悪かったのに、両親は理由を知ろうとしない。悪い成績を罰するだけで、どうしてそうなったのかは探ろうとしない。娘は落ち込んでいるのだろうか？　学校でいじめられたのだろうか？　何か不満なのだろうか？　思春期がきても、こういう子供たちは家で放っておかれるから、一人で学ぶしかない。だから、欲求不満の子供がたくさんいるはずよ。思春期だけでさえ辛いのに、子供たちは二つの文化に引き裂かれている。なぜはたくさんあるのに答えがない。マグレブの家庭には会話がないの。『言ったでしょ。お黙り』しかなくて、子供たちは不当に痛めつけられている。両親からの説明がない。何か聞くと、こういうものだと言われる。私たちの両親は返事ができない。したくないんじゃなくて、返事の仕方を知らないの。両親は娘にこう言う。『これ以上、何がほしいんだ？　私たちにはわからない。お前はちゃんと服を着て、家も食事もテレビもあり、学校まで行っている。これ以上、何がほしいんだ？』。正直に言って、両親には娘の気持ちが理解できない。両親は物質的なことは保証しているけど、精神面の面倒は見ていない。子供とうまくいっていないのに、問題を問い直すことは決してしない。

娘が学校で勉強しないのはなぜか？　息子が外をうろついて、バカなことばかりするのはなぜか？　そういうことを問い直さない。悪いのはいつも子供。家で言うことを聞かない息子が悪い、学校で勉強しない娘が悪い。じゃなきゃ、周りの友だちが悪い。子供たちは十分に大人で、自分で決心し、自分でバカなことをするとは、思ってもいないの。

親に話さない子、部屋に閉じこもったままの子。その裏に隠れた悩みを探ろうとしない。親にとっては問題が複雑すぎるの。両親は外の世界が怖い。テレビや広告で、ものを見せすぎているから、親としては子供たちを守りたい。

私は信者ではないけれど、移民たちは無知から、伝統と宗教を混同しているのね。よく言われることだけど、パパは、息子が盗んだビデオを家に持ってきても放っておく。私が母親だったら、すぐこう聞くわ。『どこで取ってきたの？　すぐ返してらっしゃい』。盗んだのは明らかなのだから。でもパパはビデオが家にあってもいいと思う。そんなの普通じゃないわ。その後で、息子がバイクを盗んで警察にいたら、パパはすぐ態度を変えて署長に言う。『息子をひっぱたいて下さい。捕まえておいて下さい』。両親は権威がとても怖いのね。でも一方で、息子が警察に捕まるまで放っておいたのは両親なの」

「お前を殺してやる！」と父親

「若い女の子たちがここへ来て、悩んでいるのは自分一人じゃないと思えるのはいいことなの。皆精神的に脅かされている。お前を殺してやるって、本当に父親が娘に言うのよ。彼女たちは母国語で私たちに話してくれるんだけど、言っただけで彼女たちはすごく気が楽になる。そういう仕事はできる。でも、精神的なカウンセリングまではできない。それにそのときは、彼女たちはまだ心の準備ができていない。自分自身について考えようという気持ちになっていない。きっかけがないのね。私は段階をふんでいくものだと思う。まず、すぐしなければいけないのは、自分の問題を整理すること。理想は自分自身についてよく考えることなの。彼女たちが自由を手にするか、家族のもとで暮らすか、どちらを選ぶにしても、内面はボロボロになっている。他人との関係がうまくできない。職場でも、学校でも、家庭でも、未来の恋人や夫との関係でも……。

　彼女たちは、助けて下さいと言ってここへ来るんだけど、何が望みなのか、自分たちでもわからないことが多い。私たちが物質的にどうしたらいいかとか、法的なプランを立てて見せても、彼女たちには辛すぎるの。機転はきいて、それなりに抵抗しているんだけど、行動に移せないのね。とても怖いの、両親にいつかバレるのではって。生きていくのが怖いのではないと思う。後で施設に預けられたりして、解放されたところで、突然人生とは難しく闘い続けなければならないことに気づく。理想は、将来について思い描くことなんだけど、彼女たちにはまだそれができない。皆その日その日を生きている。14、15歳か18歳の女の子だったらまだいいわ。でも、28歳の女性が、『父が私を結婚させたがっている。どうしたらいいの？』と言って来る。これはやっぱり信じられないわ。彼女たちはとてつもなく哀れなの。

（電話で一時中断）

　ほら、また一人犠牲者だわ。夫の暴力で、家を出た22歳の女性が、お金も何にもない状態で路上にいる。彼女は訴訟を起こして事務局に行って、そこで一夜の宿をもらったんだけど、その後出てしまった。学生だから、学生サービス機関に行けば部屋がもらえるって電話で言ったんだけど、そのサービス機関がまた私たちのところに回してきた。ソシアルワーカーは来週の水曜日までいないんですって。彼女は一一五番の緊急医療サービス機関に電話したけど、いつもお話し中。それですっかりパニックになった。昨夜はホテルに泊まれたけど、今夜はどこに泊まれるかわからない。とりあえずいまは『私のために何か下さい。食べる物が何もない』っていう状態。

そうなの、彼女たちとは腹を括《くく》らないといけない。だって、五分後には四百フラン（約八千円）もらったから大丈夫なんて言うのよ。大変なパニックなのは本当。それはとてもよくわかるし、彼女たちの気持ちを落ち着かせなきゃいけないんだけど、それも腹を括ってやらないといけないの。いま電話してきた女性は、夫に叩かれたから家を出た。夫は彼女に勉強してほしくない。私は彼女に『暴力を受けた女性たちＳＯＳ』の番号を教えたわ」

問題は受け入れ先

「私たちも、組織として、誰のことを一生懸命やったらいいのかわからない。受け入れ施設が十分じゃないのよ。暴力を受けるのは女性で、家を出るのはいつも女性。犠牲者なのに！　裁判に訴えられないと、もっと悲惨。医者は暴行の跡を確認できない。一晩はホテルに泊まれても、その後は？　子供がいても夫は家にいて、女性は子供を連れて出るのよ。暴力の犠牲になった女性のための施設には空きがない。もしあっても、滞在期間は十五日に制限されていて、何か事情がないと更新できない。緊急医療サービスがあるけれど、それも一晩でしょ。要望が多すぎて、場所がない。彼女たちをどこへ入れればいいの？

緊急医療サービスはあらゆるケース、暴力を受けた女性からホームレスまで、路上にいる人たち全ての世話をする。できるだけホテルの部屋をあてがうようにするけれど、何百人も収容する大部屋に入れられたらどうする？　暴力を受けた女性と、ホームレスを一緒にすることはできないわ。受け入れ体制がしっかりしていないの。緊急体制！と、皆口では言っても、問題は場所がないことなの。おまけに、低年齢の子供がいたら、最悪よ。最近も3歳の娘を連れた若い女性が来たわ。恋人の暴力から逃げてきたの。ソシアルワーカーが十五日間滞在できるところを見つけ、更に十五日間更新できたんだけど、来週の月曜日には出なければいけない。何がなんでも出て、3歳の子供を抱えて一人でやらなきゃいけない。彼女はここに来て、私たちは三日間滞在できるところを見つけたけれど、その後はどこへ行くの？

ここは秘密を守る。男性から『誰々はいますか？』って電話があることもあるけど、『知りません！　ここへいらっしゃりたいですか？　どうぞどうぞ。大歓迎ですわ』って。でも、誰も来ない。私たちは何も教えない。女性たちとは携帯電話で話す。『ええ、その方なら見えました。でも、アラブ語の講座にです』って言うときもある。私たちは直接暴力を受けたことがないわ。電話で暴言を吐かれたこともない。それだけ私たちも注意しているの」

「叩かれた？　大したことじゃない」と母親

「ここへ来るのは結婚した女性より、若い女性の方が多いの。なぜかわかる？　だいたいにおいて若い女性に課された最終目的は、伝統にのっとった結婚だからよ。女性は結婚して他の人にバトンタッチされなければいけないの。女の子は父親と兄、それから夫に支配されるの。それが一家の誇りになる。女の子は結婚しないと家から出られない。こんなのスキャンダルだわ。

でも、変化している。マグレブの女性たちが離婚したいと言うようになっている。母親たち、移民一世でさえ離婚している。一方で、子供がいるとか、こういうものだと言って、離婚しない女性もいる。娘にアラブ語で『何を言ってるの、我慢しなさい。そういうものよ。これが人生よ。これが女性の運命。お前もいずれわかる』と言う母親もいる。『耐えなさい。叩かれるって? そんなの大したことじゃない』って。だから、メンタリティを変えなきゃいけないの。母親は娘を支えて、娘は自分の子供たちに同じことを繰り返さないようにしなきゃいけない。『肉体的な暴力はストップ! 精神的な暴力はストップ! 全部ストップ!』って言わなきゃいけない。私たちの目的は、家族を崩壊させることじゃない。女性たちに、あなたは一人の人間で、こんな扱いを受けてはいけないと、意識してもらうこと。母親からも、夫からも、兄弟からも。

アフリカやマグレブの国では、暴力は日常的。夫婦でも、家族でも、私たちの国では、体罰は普通なの。子供が悪いことをすると、罰に叩く。反抗しても痛い目にあう。女性たちはすっかり慣れているから、その裏にある暴力に気がつかない。叩かれても何も感じない。叩いたり、女性に暴力をふるう男は皆、本当は弱いのに……。男は口ではかなわないから叩くのよ。体力では上だけど、精神的には違う。暴力は弱さからくる。特に女性の方が正しいとそうね。男は女性が正しいとは死んでも言えない。話をして見方を変えるのもとんでもない。彼らはそういうふうにしつけられた。『俺は男だ！』って。

　マグレブ女性の仕事は、ごまかして、嘘をつき、裏工作をすることなの。一般の女性は生涯、これしかできない。自由な時間が少しでもほしい、若い女性ならボーイフレンドに会いたいし、ダンスパーティーにも行きたい。そんなとき、学校の先生に言われて集会に行くって言う。女性たちはそういうことしかできない。結婚しても続けるしかない。服を買いに行っても、隠して帰ってくる。何をしてもいけないと思っているからよ。ズボンを一本しか買っていないのに、夫には二本買ったと言う。あるいはバーゲンだったって。いつも、どう嘘をつこうかとばかり考えている。もし夫に見つかったら、もうお前なんか信用しないと言われて、叩かれる。

　女性がどんなに従順で、子供の世話をきちんとし、外出しないでいても、夫と会話しようとしたり、子供にもう少し優しくしてと言おうものなら、すぐ『黙ってろ！　何もわかっちゃいないくせに』と言われて、パン！　男は何でもないことでも叩く。私は、暴力的な男は、自分たちも暴力を受けていたと思う。暴力のなかで育ったのよ。彼らにとって体罰は当たり前。夫婦のイメージは、パパがママを叩いている。そういう男が結婚したら、どんな夫婦になると思う？　同じことをする。それから男は、妹がどういう躾を受けていたかも見て育つ。女は何もできなくて、黙っていなければならない。そのときに、これはいけないと考えたとしても、そういう躾は頭のなかにある。だから、いまの若い男性は手を出さないにしても、妻と喧嘩することばかり考えている。喧嘩の仕方しか知らなくて、喧嘩がないと落ち着かない。最悪なのは、若い女性も同じこと。愛情や優しい気持ちがあっても、肉体的、精神的にブロックしてしまう。彼女も喧嘩のタネを探すようになる。女性も喧嘩していないと落ち着かない。そして相手との関係がうまくいかない……。

子供の頃、私は母から優しくしてもらったことがなかった。いまは母を許したし、私たちの関係もいいわ。でも、母が私を抱こうとしたり、優しいしぐさをされたら、小さい頃に体験していないから、肉体的に応えられないの。男性との関係でも同じ。私は優しくしてもらっても、応えられない。身につけようとしたんだけど、とてもとても辛かった。そういう躾を受けた人の多くは、そんな反応をするものよ」

女性には楽しむ権利がない

「私たちは、男性との関係はお互いに交換するものだということを知らない。これは私たちの躾からきているの。両親が愛し合ったり、手を取り合ったりしているのを見たことがないから。テレビもベッドシーンになると消しちゃう。セックスを思わせることはタブーで、そういうものは全部、子供に見せないようにする。私たちの国では、女性はなんであれ、楽しむ権利がない。女は他人に尽くさなければいけないの。なぜって考えもしない。

化粧は禁止。本当よ、母親は娘が女になるのが嫌なの。娘が成長するのが嫌なの。母親は皆そうだけど、母と娘がライバルになる。裏にあるのは嫉妬ね。外出する女の子は娼婦、煙草を吸い、化粧をする女の子も娼婦。中間がないの。父はわかってくれない。『私は皿洗いをしているのに、次の日はまた何か言う』若い女性たちはこう言ってくるわ。それが問題なのよって、私は言う。父親を満足させることは決してない。娘に何か命令して、彼女がそれを受け入れたら、ありがとうも何も言わずに、翌日、また違うことを見つけて命令する。

彼女たちは何をしてもしなくても、いつも叱られる。私はそんな彼女たちに抵抗するように言う。何をしたって怒鳴られるんだから……。皆家事や結婚が嫌なわけじゃないの。でも、義務でさせられるのが嫌なの。こういう家庭では、男の子は皿洗いなんかしないのよ。それが男の子だと言われて育ったら、息子はどうなる？　将来の形がいまからわかるわ。

私の知っている女の子は大学生で、勉強が大好きなの。両親は、彼女が大学に行くのは許しているけれど、彼女はもっと勉強する時間がほしい。二部屋に四人が住んでいるから、一人になって勉強する場所がない。それに、部屋でただボーっとしたいと思っても、母親がさせてくれない。皿洗いや、テーブルの片付けをさせられるわけ。母親にとっては、それが第一なのね。『勉強なんか、一日中するもんじゃない』って、母親は私にも言ったわ。母親は文字が読めないの。私は母親に娘さんに宿題をさせなきゃいけないと言った。あなたは娘に助けてほしいじゃなく、助けるのを義務にしているって。母親は、娘は兄弟姉妹の世話もしなきゃいけないと思っているの」

処女のままでいなければ！

「性に関しては、話すまでもないわ。彼女たちは、何がなんでも処女でいなければいけないと思っている。行動においても、教育においても……。何も教えられないから、最初女の子にはわけがわからない。近所の男の子と遊んでいて何も言われなかったのが、急に遊べなくなる。生理が始まったからよ。生理があるということは、もう女で子供が産めるということなの。

女の子はある日、急に、料理を覚えて、家にいなければならなくなる。何の説明もなしによ。こう言われるだけ。『お前は大人になった。妊娠する危険がある。もう外出してはダメ……黙ってなさい！』。少しでも抵抗したら、叩かれる。

彼女たちは、性に関する情報をあまり持っていないけど（他でもそういう女の子が多い）、セックスをするときはちゃんと意識しているはずよ。ピルがあって、飲まなきゃいけないこともわかっている。セックスはいつも一瞬の情熱。学校や友だちに聞いて、妊娠するかもしれないことぐらい、わかっている。でも、恋したり、男の子にだまされたりしてセックスすることもある。その場合も、処女のことが気になって、大きな危険をおかしているのはわかっている。私は、それは無意識の反抗じゃないかと思う。でも、伝統にのっとった結婚をする段になって、彼女は『クソッ！　私はもう処女じゃない』って思うの」

初夜のシーツを望む家族もある

「ここへも、『助けて！　私はもう処女じゃない。どうしたらいいの？』って来る子がいる。そういう女の子には『処女じゃないことは、あなたはもうわかっているはずよ。求婚者があらわれて、初めてわかったの？　私にどうすべきか聞かれても、悪いけどもう処女を失ったのよ』って言う。もちろん、具体的な解決法を教えて安心させるわ。処女膜を再生する手術があるの。そんなこと、夫に言う必要はない。セックスをした相手が夫だったら問題ないけど。初夜の血をほしがるかって？　皆ごまかすし、その習慣はもうないわ。でもときどき、男性が結婚の約束をしてだまし、女性と寝た後、もう用はないって捨てる。女性は利用されて、処女ではなくなる。それでも、彼女たちはわかっている。セックスをしたら、伝統的な結婚はもうできず、いざ処女が問題になったらアウトだって。女の子の両親にとってはもっと悪い。だって、娘に家族の誇りを汚されるんだから。

フランスだって、数年前までは同じだった。だから、恐ろしいことになる。結婚する女性が処女ではなく、それが両親にとって大事なことだと知っていたら、その女性は自殺することもある。多分それは無意識の反抗だと私は思うけど、よくわからないわ。でも、処女でなくなった女性は、両親が結婚させたがっていると、もう結婚できないのが確実にわかっているの。

再生した処女膜は弱いので、作るとしたら結婚式の一週間前。国で結婚するなら、出発の一週間前に手術しなきゃいけない。その場合はこう言うの。もし未来の夫に話すときがきたら、指をちょっと切って血を出せばいいのよって。生理中に結婚するなら別だけど。夫に性体験がないなら、多分わかるはずがないって。いつもごまかしと、嘘ばっかり……。

なかには未だに処女性に重きをおいている家族もあるわ。そういう家族は、血のついたシーツを新郎の家族に見せたがるの。特に新婦の母親が得意がって見せたがるわね。ここまで娘を守り、きちんと育てましたという証拠になるからよ。娘は若いとき、外出するのを見られたりして、評判がよくなかった。でも、何も特別なことをしなくても、処女で結婚しただけで、悪い評判なんか一発で消えてしまう。家族の誇りは救われる。これはいい家庭の娘だと言って、他のことは全部忘れられる。ある家庭では、行為の後、シーツで踊るの。見せびらかして、戦利品のようにぶらさげることもある。

だけど、男性の方もそんなに心構えができているわけじゃないのよ。いざというときの五分前に説明される。女の子も同じ。どうしなければいけないか……というより、何もせず、されるままにしていなさいって言われる。初夜に強姦っていうこともあるの。男性の性器を見たことがなかった女の子はトラウマになる。それでも無理やりさせられるから、傷だらけになって、強姦される。女の子が肉体的に傷をつけられたり、無理やりさせられると、最初は痛いし、もう二度としたくなくなるのが大きな問題。でも、これは極端な場合ね。たいていは幸いなことに、うまくいくの」

家族パーティーの間、女性はふさぎっぱなし

「全てに会話、コミュニケーションが不足している。それを女性たちはここで見つけようとしている。それから寛大さも……。家を出る決心をするときは、家族と断絶する前にやらなければいけないことがある。じゃないと、その後は完全に一人ぼっちになる。家で問題を抱えた子は、家族パーティーの間もふさぎっぱなし。いたたまれなくて、ふさぎこんじゃうのね。うまくやる子もいるわ。仕事をしていたり、ボーイフレンドがいたりするとね。

でも、家族との断絶が決定的になると、ものすごい喪失感があって、女の子たちは怖くなって、罪悪感を抱く。パラノイアになって、そこら中に両親の姿を見る子もいる。家族といて統合失調症になる子もいるし……。だって、二つの顔を見せているのよ。家では両親の望み通りの女の子、外では自由を楽しむ思春期の女の子……。これは大変よ。私は、移民の第一世代の長女はまだ強いと思う。妹になると、しっかりしていないくせに突っ走る。長女の方がよく考えて行動するんだけど、彼女たちが色々な扉を開いたのも確かね。妹たちはより自由に、より鷹揚にしつけられたの。長女が間で緩衝帯の役をして、助けたからよ。でも妹たちは、お姉さんたちのように必死で闘う必要がなかったから、少し弱いかもね。彼女たちも闘っているけど、お姉さんほどじゃない。だから、何か障害に出会ったら、どうしたらいいかわからなくなる。私たちの両親はまだ、子供が五、六人いる家庭だったけど、フランスで生まれた女性は子供を作っても二、三人、それ以上は作らないわね」

フランスの男性とマグレブの家族は難しい

「国際結婚の問題で、フランスの男性から電話をもらうことがある。私はできるだけ客観的に判断するように努力するけど、フランスの男性がマグレブの家庭に受け入れてもらうのは、もっと難しいわね。フランスの男性には理解できないことがたくさんある。例えば、その男性は妻に割礼を強制されたんですって。私は彼に言ったわ。彼女は強制するんじゃなく、彼の意志を尊重すべきだったって。彼女はまた、彼が家族に受け入れてもらえるよう、名前を変え、改宗までさせたんですって。彼女には両親の権威を無視する勇気がなかったんだけど、男性にしてみたらこんなに辛いことはない。彼の新しい名前はアリよ。私は彼に聞いたの。なぜ、そうしたくないのに名前を変え、割礼までしたのかって。妻を愛していたとしても、彼女はそこまで強制できないわ。それは、結婚して子供ができる前に話し合うべきだったって……特に将来の問題として、子供の割礼や、豚肉を食べるかなども。

皆何も話さない。でも、もし会話がなかったら、夫婦に問題が起きるのは当たり前でしょ？　会話はやっぱり基本。問題が起きたら、すぐ喧嘩になって、どっちかが自分の文化を相手に押しつける。問題が起きるのは、初めての子が生まれたときね。理想は、夫と話し合って合意し、子供にはそれぞれができることを与え、後は子供に任せることね。ときどき、義理の家族が口出しする。それがフランス側だったり、アラブ側だったりするわけだけど、そうなるともっと複雑！　アラブ側の母親は娘に『お前は息子に割礼をしなかったの？　それはいけないわ！』と言って非難する。子供には豚肉を食べさせないと夫婦で合意したのに、フランス側の祖母が豚肉を食べさせて、喧嘩になる。義理の家族が近くにいなくて、そういつも関わりがなくても、子供が生まれると夫婦の問題が表に出てくる。夫婦が基本でしっかり結びついていないと、子供たちが完全にバラバラになる。逆に、しっかりした関係で、子供に何を伝え、どういう教育をするか、きちんと話し合い、合意に達していれば、うまくいくものよ。どんな夫婦であれ、国際結婚であってもなくても、会話にまさるものはないのよ。私は、マグレブの男性がフランス女性と一緒になると、あまり伝統にこだわらないと思う。彼はフランスの文化を知っていて、それは彼の文化にもなっているから、わざわざ覚える必要がない。彼の家族がよけいな口出しをしてくる場合は別よ。マグレブの男性は、フランスの女の子を締めつけすぎて、外出させないってことはよくあるけど」

家族と断絶せずに解決する

「私はここで、98年から四年間仕事をしているの。以前はイヴリヌ県に住んでいて、そこで彼に出会ったんだけど、彼は隣のパリ寄りの県に住んでいて、一緒に生活するために私は仕事をやめなければいけなかった。国立雇用局の求人広告でナナ・ブールを見つけ、応募したの。ナナ・ブールのことは、マスコミを通して知っていたわ。私は無意識に、マグレブ女性としての体験を生かしたいと思っていたのね。社会援助の分野で仕事をしている女性には、同じ体験をした人がとっても多い。多分、厄払いしたいものがたくさんあるのよ。実際にこの立場になると、無視できないことばっかりよ。私は思ったの。自分の体験を生かして、女性たちを助けられないかって。私自身は家族とも断絶しないで切り抜けられたの。だから、私は希望のメッセージを与えたかった。私は六人兄弟の長女だったけど、不公平が許せなかった。何であれね。もちろん、体罰も受けたわ。家ではママに対してパパからの暴力があった。私の両親は仲が悪くて、離婚したわ。ママは進歩的な女性で、フランス語の読み書きができたけど、パパは字が読めなかった。ママは三十年前に運転免許証も取った。父はママに免許を取らせたんだけど、人から『あんたの女房は免許証を持っているって？　自由にさせすぎじゃないの！』と言われてばかりで、それが辛かったのね。母は仕事もした。それで目覚めたの」（01年9月6日）

サミアはフランス人の男性と生活していて、七カ月の赤ん坊が一人いる。彼女の兄弟姉妹は全員、結婚せずにフランス人と一緒に共同生活をしている。ケダドゥーシュの家族も、長男を除いて全員がそうだ。

嬉しいことに、素晴らしい形で成功しているマグレブ女性もたくさんいる。彼女たちは受け入れ国の価値観に賛同し、解放されている。そんな一人のアラブ女性が、『ヌーヴェル・オブセルヴァトゥール』誌のインタビューでこう語っている。「メディアが私たちに押しつけようとするイメージには苛々《いらいら》する。家出をする女性とか、暴力を受けた女性、子供が十人いる女性のことしか取りあげない」

強いと同時に弱い女性たち

00年9月18―24日号の『エル』誌で、ナナ・ブール代表のファティマは、組織の最初の使命は、一文なしで路上に捨てられた少女を助けることだったと語っている。また、同世代で、ブールを代表する女性映画監督のベンギギも、「私たちは慣習にそむき、勉強や仕事、恋愛ができるように道を切り開いた」と、強調する。

「私も、女性を虐げる伝統から抜け出そうと闘った」と、声を高くして語るのは、「差別反対センター全国連盟」女性会長のシェエラザード・ウアレム。「私の場合、家族との断絶は避けて通るわけにいかなかった。でも、いまどきの若い女性の話を聞くと、私たちは何のために闘ってきたのかとよく思う」

自分たちの家族と真っ向から闘い、断絶という大きな犠牲を払って解放された先輩女性たちを前に、ファティマは怒りを込めて言う。「処女膜をこっそり再生し、偽りの処女証明書を手にして両親を安心させる、これが彼女たちの一生の計画なの？　自由の名のもとに、自分には欲望がない、恋愛はしないと信じ込んで自分をごまかす……彼女たちが望んでいるのはこんなことなの？　そんなことをしていると自滅してしまうわ。いつか、自分から恋愛したいと思う日がくる。そうじゃなければ、避妊に耳を貸さなかったばかりに妊娠するときがくる。そんなときのために、何よりまず家族で話し合わなければいけない。彼女たちには、処女膜なんてただの皮よって言ってやりたいわ」

親子の会話がないのに加え、男女の躾にこれだけのギャップがあれば、女の子たちが煮え湯を飲まされるのは目に見えている。男の子は自由に外出できるのに、女の子は生理が始まるや、よくて監視、普通は家に閉じ込められ、母親を助けて家事や兄弟の世話を義務づけられる。一家は突然、母親が娘をよく育てたことの象徴、処女膜の保護に躍起になるのだ。フランスのように処女性がすっかり地に落ちた西欧文化圏では、時代遅れもいいところ。処女であることの方がコンプレックスになっているのだから、これは正当化するのさえ難しい。94年、国立衛生医学研究所が行ったフランス人の性に関する調査によると、15歳から24歳の若者の82%がすでに性体験を持ち、初体験の平均年齢は、男の子が17・3歳、女の子が17・6歳である。また、68年の五月革命に続く性の解放は、避妊を普及させ、宗教を実践する人を減少させた。この調査が行われた94年、妊娠の危機にさらされた女性で避妊していなかったのは、僅か3%だった。

処女性をめぐる二つの相反するメッセージのおかげで、マグレブの若い女性たちは極端に方向を見失いかねない。それが家出（非常に多い）、更には自殺という結果に結びつく。ケダドゥーシュも、姉のファリダについて「全てが禁止されていた」が、「母が禁止したことを全てした」と書いていなかっただろうか？

コリーヌ・セローの映画『カオス』（01年）は、父親から強制された見合い結婚を逃れて娼婦になった、ブールの女性の話である。セローは、アラブ女性の被抑圧を告発するに留まらず、私たちの社会にも、家父長制の悪い価値観が未だに横行している実態を描いている。彼女がイスラム教徒たちに示唆するのは、女性たちが最も大きな力を持っていることと、そろそろ彼女たちをもっと平等に扱ってもいいのではないだろうか、というメッセージだ。

サミアの証言でもう一つ浮き彫りになったのは、肉体的、精神的な暴力だ。サミアはまた、この暴力の刷り込みの危険性についても言及している。とりわけ男は、妻や娘を躾と言ってぶつのを当たり前と思っている。アラブの諺にこんなのがある。「妻を叩け。お前に理由はわからなくとも、妻は知っている」

しかし、サミアによって語られた暴力は、はたして文化によるものなのだろうか？　それとも生活の不安定さからくるものなのだろうか？　実際、同じような生活条件に置かれたら、フランス人の家庭でも暴力や暴言の問題は起きるだろう。そう考えると、不安定さこそ暴力の一番の要因であるような気がしてならない。

私たちイスラム女性は、結婚するまで処女

『リベラシオン』紙の記事「フランスのイスラム女性たちの苦悩、男女関係」で、Cevipof（Centre d'étude de la vie politique française フランスの政治生活研究所）所長で、アフリカなどエイズや性病の予防が普及していない国の女性たちを調査しているジャニヌ・モスーズ＝ラヴォー

は、イスラム女性に対する聞くに耐えない一般的な概要を説明する。典型的な図式は、結婚まで処女で、夫に貞節を守ることだという（ほとんどの場合、夫は生涯ただ一人の男性で、性交回数は非常に多く、避妊できる女性はごく僅か、53・4％が何の避妊もしていない）。また、女性たち自身も処女性には非常にこだわっているようだ。「私たちイスラム女性は、結婚まで処女でいる。女性はそれ以上知らなくてもいい」。あるいは「私は宗教をとても大事にしている。結婚するまで待ちたい。それが健全だと思う」。更には、処女でないのがわかったら、父親に殺すと言われた女性もいる。「男たちは、注意しなければいけない女の子か、注意しなくてもいい女の子か、雰囲気ですぐわかる」

初めての性交の思い出は、悲惨なことが多く、完全にトラウマの世界だ。「私は怖くて震えあがり、すっかりパニックになった。私は17歳で、それは伝統的な結婚式だった」。別の女性はまた、「とても痛くて、私はたくさん出血した。……優しいところはなく、野蛮だった」。

女性の欲望は認められていない

他の証言からは、女性の欲望が認められていないことが伝わってくる。まるでイスラムの女性には歓びが禁止されているようだ。「私たちのところでは、イニシアティヴを取るのは常に男性です。こちらから頼むと、娼婦と思われます」。「私たちは、夫が他の女性のところへ行かないよう、満足させなければなりません。夫を拒むことはできません」。更に、あるトルコの女性は、「夫が働いているときはいいのです、疲れて帰りますから。でも、週末やバカンスは、いつもです……」と語っていた。

その顚末はひどいものだ。たえまない暴力、避妊やエイズの予防はほとんどなされず、家族や医者との会話もなし、性関係は強制的なことが多く、歓びを知らない……。

前述のカミーユ・ラコスト゠デュジャルダンは、女性の性欲は抑えなければならず、マグレブでは一般に性器の切除は行われていないが、性関係では女性を一方的に受身にして、歓びを感じさせないようにする、と書いている。彼女はまた、若い男性が男らしさを示すため、初夜で乱暴にふるまうよう忠告されるとも書いている。

前出『シャーバの子供』で、著者のベガグは、男性が受ける暴力に触れ、麻酔なしで行われる割礼の耐えがたい様子を描写している。また、つい忘れがちだが、強制的な結婚では、男性も相手を選べない。サミアは証言のなかで、息子を結婚させることも母親の理想だと言っていなかっただろうか？

同胞の男性の大きな問題

これまで見てきたように、フランスにいると、アラブの女性たちの解放は、実際には大変でも避けられないようだ。

闘って解放され、緑の党で活動する、前述のナビラの視点はこうだ。

「私は個人的に、移民の男の子たちの大きな問題にぶつかっているの。この問題は政治の世界でもこれからますます大きくなるわよ。嫉妬がはびこっているの。もともと、男性は女性に嫉妬するものだけど、お互いに支えあうべきはずの若い男性が、とても冷たいので、私はものすごくがっかりしたわ。学歴もあり、社会的地位もある若い男性から、こんな仕打ちをされると驚いちゃう……。私が外国出身だとわかったうえで、こんなことを言われるの。『君なら将来性があるよ。緑の党は女性を必要としているからね。皆移民の女の子を優遇するよ。特に、君のようにそれほどバカでも、ブスでも、オバサンでもない子をね。男はまだ怖いからさ。アラブすぎるからさ！』。ものすごい嫉妬！　嫌な顔をされるし、意見は合わないし……。これは悲しむべきことで、深刻よ！

移民出身の男の子がダメなのは、私が現代文学を勉強していたときによくわかったわ。移民の学生は女の子しかいなかった。それも皆同じ図式、大家族で七、八人子供がいて、大半が女の子。男の子はたいてい一人で、特別な立場になる。家で王様になるの。ところが、そういう大家族では、男の子は皆ダメなの。私の友だちの女の子は皆成績がよかったのよ。彼女たちは、勉強しながら両親を助けていたし、パートで週末に働いている子もいたわ。家を出るのも遅かった子が多いわね。男の子たちの特別な立場が、彼らにとって不利に働くのね。男の子はマッチョになった瞬間から、もう終りよ！　彼は何か神聖なものを象徴するの。

いまの私たちは、母親たちがしたように男の子たちを特別扱いはしない。結果、こういう若者は私たちを恨む。彼らにしてみたら、私が緑の党で場所を譲るのが普通なの。こういう話は毎日耳にするわ。最初は、彼らも私を助けてくれたの。でも、ひたすら従わなければならなかった。彼らは指導者になりたかっただけ。『おいおい、どうして君が立候補できるんだ！』、これが大半。例外はいるけれどね。よく、性に絡んだことも言われるわ。『おい、知っておいた方がいいぞ。フランスの男が移民の女と寝たがるのは、植民地国の神話があるからさ』。なんておぞましいの！　精神分析が必要だわ！　とても耐えられない日もある。いつも非常に悪く見られるの」

何人かの「ブールジョワ」と、多くの「闘う」女性たち

とはいえ、ブールの女性たちで成功したケースはたくさんある。欧州議会議員になったチダ・タズダイット、「SOS人種差別」副代表になったハイエット・ブッデェジェマなどで、彼女たちは「ブール」と「ブルジョワ」をかけた遊び言葉で「ブールジョワ」に位置づけられている。雑誌『ル・ポワン』誌が、輝くばかりの若い女性たちを紹介している。どんな女性がいるか、見てみよう。

ナディヌ・ティル　マルセイユ市専門職員、アルジェリア出身

兄はヴァイオリン教師、姉はギリシア・ラテン語教師。三人揃っての成功は、建築塗装工の父の励ましと、アラブ人が多い地区の外に住んでいたことが大きい。彼女にとって忘れ

られないのは、オルガン奏者との出会いで、彼と親しくなったおかげで、三人は音楽を学ぶことができたという。

ベティ・カディール　弁護士、モロッコ出身

現在37歳の彼女は、ひたすら成功を望んでいた母親に、一人娘として育てられた。貧しい家庭に生まれ、パートで秘書をしながら法律を学ぶ。外出もせず、バカンスも取らなかった。マルセイユで弁護士になり、市の重要な法律事務所、二カ所で仕事をした後、自らの事務所を設立する。

ゾラ・シュンヤ　農業、アルジェリア出身

29歳の農業経営者は、元アルキの父が事故で亡くなった後、一家の長となる。五人の子供の母親。アンドル県クリオンにある一家の開拓地で、地質に恵まれない35ヘクタールの再生に成功、イスラム教徒のための鶏肉「ハラル」の鶏飼育に意欲を示している。

ウリア・ブアキル　医師、アルジェリア出身

七人兄弟姉妹の長女。彼女の成功は両親の要望に応えたもの。揃って字が読めなかった両親は、彼女がクラスで一番になるのを期待した。彼女は両親に従ったわけで（従わなかったのは二回）、現在はフランス北部の老人病学センターでインターンをしている。

アディラ・クリファ　助教授、アルジェリア出身

35歳の彼女はリール大学の経済学部助教授。9歳でフランスに来るや、学校では成績優秀、

学年を二つ飛び級した。教師になる前は、十四人の大家族を養うために秘書になろうと考えていたそうだ。勉強を続けるように勧めたのは、母親と教師たち。

ファリダ・スマイル　ダンサー、アルジェリア出身

社会医学の大学入学資格を持っているのだが、32歳でパリ－センター・アカデミーのオリエンタル・ダンスの教師になる。フルーリ－メロジス刑務所の受刑者たちとダンスのショウを企画、オリエンタル・ダンスを、キャバレーから上品な舞台で見られるものにしたいと憧れる。

アサニア・ディドゥ　デザイナー、モロッコ出身

24歳。モンペリエのアパートメントで、革で服を作っている。家族はディジョンに住んでいるのだが、「一人で、太陽のもとで生活したくて」家を出た。

この他、ベンギギのドキュメンタリーにも登場した、弁護士になった女性もいる。彼女は長女で、母親に毎朝五時半に起こされ、学校へ行く前に家事や洗濯をしたそうだ。小さな兄弟に泣かれて夜中に起きるなど、子育ての「喜び」は全部体験したとも言う。兄弟の成績が悪いと、自分の子供のように怒ったとも。そんな彼女が母親になりたくないというのもうなずける。

第六章　フランスの一夫多妻制

この国では、一番上にいるのはフランス人の男性で、次がフランス人の女性。次いでくるのが外国から来た男性、そして最後が外国からきた女性。しかし、私たち黒人女性は、男性とは闘わない。私たちはメンタリティと闘う。

リディ・ドゥー＝ブンヤ（カメルーンの急進派女性作家、Modefen「黒人女性の権利を守る運動」の創設者）

フランスに住む移民の女性に関しては、もう一つ、大きな問題がある。あまり注目されないが、ある宗教、国によっては認められている一夫多妻制だ。

前述の国立人口問題研究所のトリバラは、移民とその子供たちを調査した著書『フランスを見て回る』（95年刊）のなかで、フランスで実践されている一夫多妻制には二つのレベルがあるとしている。一つは、一夫多妻の男性が、フランスでは妻なし、あるいは一人の妻と生活しているケース。そしてもう一つが、フランスでも何人かの妻を持っているケースで、これがいま問題になっている。80年の法制局の政令では、フランスに入国する前に結婚が成立していると、男性は第二夫人を呼び寄せることができた。ところが、93年のパスクワ法や、外国人のフランス入国と滞在に関する新法で、一夫多妻制で複数の妻と生活する男性と、その家族の滞在許可証が取り消されることになったのだ。

「ヴァル・ドワズ県アフリカ女性組織」のアイシャ・シソコが暗示するのは、まさにその点だ。パスクワ法が施行されて十年、それ以前に十年間の滞在許可証を持っていた一夫多妻制の人たちの滞在期限が切れようとしている……。

「ヴァル・ドワズ県アフリカ女性組織」とは?

Afavo（ヴァル・ドワズ県アフリカ女性組織）は、パリからＲＥＲ（郊外高速地下鉄）に乗って一時間半の町、セルジ・サン・クリストフで、80年後半に設立された。文化の違う二十五カ国の女性が団結して集まったこの組織は、彼女たちの一番の悩みである孤独を打ち砕こうと、女性たちの間で連帯の気運が高まって作られた。創設者はマリの女性だが、多くは地方出身で、字が読めない。組織では交代制で、役所の手続き、とりわけ部屋探しをする仲間の女性につきそって行く。「私たちの活動は、政治にハチのひと針を刺す監視所になったといえるわ。どういうことかというと、私たちはヴァル・ドワズ県での同化問題の中心になろうとしているの。ここでは読み書きや裁縫の講座を開いているし、バカンスに行くお金のない子供たちを海に連れて行ったりしている。マリとチュニジアの、二人の女性が交代で働いているので、普通なら会う機会のないサハラ砂漠以南のアフリカの女性と、マグレブの女性の接点ができて、活力のあるグループが作れると思っている」
アイシャが私の取材を引き受けてくれたのは、01年8月13日。「ちょっとの時間だけなら」という約束が、午後いっぱい話し込むことになった。彼女の優しさと、楽天的なものの見方に、私はすっかり惹きつけられていた。

一夫多妻制に関する新しい法律

「まず最初に、金銭的な自立の問題があるけれど、地位の自立の問題もあるの。アフリカの女性は、行政上の手続きでは未だに誰々の妻として扱われる。ここで生まれた女性でも、強制的な結婚の犠牲になって国へ戻る人がまだいる。考えたらおかしいけど、それが現実。パリにいるマリやセネガルの女の子の方が、国のバマコやダカールにいるより強制的な結婚の犠牲者になりやすい。世の中がちょっと逆になっているのね。向こうの方が色々と変化しているのに、ここにいる女の子は閉じこもっている、母親たちのようにね。

この（01年）9月から、心配のタネが増えることになるわ。一夫多妻制の妻たちは、一緒に住んじゃいけないことになる。ここに資料があるけれど、正直言って、女性たちにどういう方向でアドバイスしたらいいかわからない。彼女たちがここへ来るのは、精神的にも支えてもらいたいからなの。皆アドバイスを求めて来るんだけど、一夫多妻制に関する新しい法律のおかげで、家族そのものが大混乱に陥っている。93年の新法から、フランスでは一夫多妻制を禁止しているんだけど、問題は、この禁止が過去にまで遡ること。それで、フランスで一夫多妻制で生活している人たちは全て、十年の滞在許可証、つまり在留優先許可証がもらえない。ご存知のように滞在許可証には色々な種類があって、十年間の在留優先許可証は、僅かな点を除いて、ほとんどフランス人と同じ待遇になる。つまり安定した雇用と、各種手当がもらえる。ところが他の滞在許可証だと、更新も一貫していなくて、有効期限もお役所の人次第……、それくらい違うの。で、これまでは、一夫多妻制の男性と妻たちは、全員、十年の在留許可証がもらえていた。ところが、93年の新法から、そういう人たちは全員十年間の更新ができなくなって、その問題が始まっているの。最初の日付が80年代よりあとの人たちは、一回目の更新は終っているんだけど、今後は十年の更新は不可能になる。つまり、フランスに在留できるのは第一夫人だけということになるのね。フランス国家は、第一夫人には十年の在留許可証を認めている。当局の法的な解釈は、一夫多妻制を選んだのは第一夫人ではなく、男性がそのつど第二、更には第三夫人との結婚を決め、彼女たちはそれを受け入れて一夫多妻制になったのだから、第一夫人には責任がないというわけね。

のちに第二、第三夫人を娶《めと》ったのは夫の責任になる（イスラム教では最高四人まで許されているけど、私はそんな大家族を知らない）。そのため、第二、第三夫人の家族は不安定でたまらない状況になる。現在、彼女たちはこういう状況に直面しているわけ。大騒ぎで施行された法律のおかげで、それぞれの立場の女性たちが、自分たちの状況を正常化するのに、社会的に大きな問題が生じている。つまり、どうしたら十年間の許可証がもらえるかという問題ね。ある条件を満たせば認められるの。例えば、妻たちは共同生活を解消して、それぞれ別個の家庭を作り、自立しなければならない。ということは強制的な離婚を意味する。法律上、一緒に生活できないのなら、離婚しないと立場上は一夫多妻制のままになって、十年の在留許可証がもらえない。もちろん、以前のような雑居状態はないけれど、第二、第三夫人が共同生活を解消するには、第一夫人とは違うところに住まないといけない。でも当局は、結婚している女性には住宅を分配しないから、離婚が避けられない。離婚の手続きをしないと、夫がいるのになぜってことになる。逆に離婚しないで、誰々の妻として住宅の賃貸契約をしたいなら、夫婦としての立場を明確にしないといけないの」

アイシャ・シソコ
(Afavo)

第一夫人しかいない!

「従って、いま手元にある山のような資料の名義は、皆第一夫人なの！　こういうのを見ていると、私、『第一夫人たちの仕返し』というタイトルで何か文を書きたいくらいだわ。だって、皆第一夫人の立場を手にしようと必死で、恐ろしい闘いをしているんですもの。既に県警で切り捨てられた女性も何人かいるし……。最近は、自分こそ第一夫人だと言って、文句を言ってくる女性ばかり。離婚せずに十年の滞在許可証をもらうには、それが唯一の法的資格だからよ。本当に悲惨な状況がある。私がある女性のために、低家賃住宅公団宛に書類を作成したの。一家は84年からの住人で、彼女はX氏の第二夫人。でも、法的にこの立場は認められていないので、私は彼女のために色々正直に書いて、もう書きあげなきゃいけないんだけど、念のために私が書いたことを彼女に読んであげたら、こう言うの。『あら、ダメ、ダメ。私が第二夫人だなんて、絶対に言っちゃいけません』。笑っちゃうでしょ？　私は彼女に言ったの。ヴァル・ドワズ県から見たら、書類上、あなたは第二夫人よって。もう一人、つまり第一夫人は十年の滞在許可証を持っているんですもの。すると彼女ったら、それは全部間違いで、夫が文書を改ざんしたって言うの。おわかりになる？　色々な状況が生じうるの。この場合、第一夫人の立場にいる女性が法律で保護される。この家族の悲劇は、相談に来た女性には子供がいなくて、子供を持っているほうが第一夫人になったことなの……。それも、法律のせいでそうなった。こういう話ばっかり。だから、9月になったら何かしなければいけないって、私は言いたい。このまま本当に偽の離婚を延々し続けていいのかしら？　そうやって不安定で、暴力的な状態を押しつけて、もし母親が国に返されたら、フランスに残された子供たちは誰が育てるのか？　……言いだすときりがないわ」

彼女たちは恥ずかしいと思って生きている

「確かに一夫多妻制は、女性にとっては不満がいっぱいの制度ね。でも、アフリカでは家族全員が支えてくれるから、ここことは違う。フランスだと誰も支えてくれない。話し相手を探すのさえ難しい。だって、彼女たちはこの状況を恥ずかしいと思っているからよ……」

ここで、アイシャと一緒に組織を運営しているクレールが顔を出す。彼女はドイツ語の教師である。「言葉も話せず、滞在許可証もなければ、人間として存在しないのと同じ。ここに定期的に相談に来る女性が一人いるの。彼女は夫のお気に入りなんだけど、子供がいないから、第一夫人の子供たちとの関係がぎくしゃくしている。その子たちは思春期前で、彼女とあんまり年が変わらないのよ。彼女はその子たちに召使のように仕えているんだけど、夫が登場したら立場が逆転して、復讐するんですって」

アイシャ「そうなの。夫がいると、彼女は女王さまなの」

クレール「でも、いないと、子供たちが仕返しをする。13歳の子供たちが、見境をなくして、若い妻に仕返しをするのよ。彼らには、相手を尊敬するという道徳的規準がないの」

移民は、やっぱり一番下

アイシャは続ける。「共同生活の解消で、もう一つ難しいのは、ちゃんとした住居が支給されるかどうかという問題。一般に移民は（アフリカ人だけじゃなく、移民全体が）ヒエラルキーの一番下にいるということなの。私たちが提供できるとしても、たいてい、荒れた郊外地区で、そこへ行くと失業者しかいないから、誰も行きたがらない。いずれにしろ、貧困層ね。彼女たちが正当な立場を得る条件の一つに、共同生活の解消があげられているけど、解消するには住居が必要なの。だけど普通は、そんな都合のいい住居なんて滅多にない。だったら、女性たちにどうしろって言うの？　私たちにも、どうしろって言うの？　第一夫人は皆いまの現状に留まっている。だって、これは彼女たちのための法律なんですもの！　そこからはずれてしまう第二、第三夫人は共同生活を解消しなければならないの」

このままだと爆発する！

「本当よ、この秋から法律が施行されたら、私、どうしたらいいかわからない。法律では、正式な手続きをするのに期限まで設けられている。従って、その前に共同生活を解消していない女性は、更新で一年の滞在許可証しかもらえない。十年じゃないの。そして次の更新ではそれが六カ月になり、それから三カ月になる。その後は、どうなるか全くわからない！　法律では何も言っていない。忘れちゃいけないのは、フランスでは、許可証の有効期間が六カ月以内になると、色々な手当が見直される。例えば、住宅手当はそういう人には払われない。そうなると終りで、社会的に難しい問題に巻き込まれていく。アパートの家賃が払えないと、最後には追放される……。詳しいことは省略するけど、いざそのときになったら、私たちはどうしたらいいかわからないの」

クレール「ここで大事なのは、子供たちはサン－パピエでも、フランス人だということ。だから追放できない。正式に結婚していない人たちを認めないくせに、追放するのも嫌なのよ。こんなことじゃ、爆発しない方がおかしいわ。将来を思うと、心配なことばっかり。一夫多妻制の問題には手がつけられたけど、まだ半分だけ！ 93年以降、滞在許可証を持っている人はその権利を持続できるという法律ができたんだけど、一夫多妻制の人の場合は過去に遡るという条項がある。つまり、十年の滞在許可証を持っていても、立場が不安定になる危険がある。そういう女性のなかには、十五年、二十年もここにいる人がいるのよ」

常にフランスの法律を尊重して

アイシャ「私たちには、一つのポリシーがあるの。政府の代わりにはなれないけれど、ここへ来る人たちには明快な立場を取っている。ここへ来るのは、法律が施行された以降の一夫多妻制の問題を抱えている人たちで、彼女たちは法律があることを知っている。でも、私たちに言わせると、彼女たちは自分の意志でそういう状況にいるのだから、私たちには彼女たちの問題を取り扱うことはできないということ。判断もしないし、いい悪いとも言わない。私たちは常にフランス共和国の法律を尊重して取り組んでいる。闘う組織ではあるけれど、法律は守る。法律を尊重したうえで、これはおかしいということがあったら、ちょっと援助するためにいる。それが私たちの組織のコンセプト。その意味では立場は明快で、他の組織とは違うかもしれないけど、おかげで、ここへ来る人たちとぶつかることになる。でも、一貫した立場で取り組んでいれば、自ずと見当がつくものよ。だから、94年以降のケースは、一つも扱ったことがない。不可能よ。法律を尊重しているから、更新するには過去に遡るしかなくて、そこでまた難しい問題が生まれる。法律ができる前も、受け入れがたい状況だったわ……法律がなかったということでね。第二、第三夫人たちには書類がなかったから、違法な状態でしばらくいて、フランスで子供が生まれて急転回、やっと正式な滞在を認められた。当時は、それが出口だった。93年の法律は、言わせてもらえば、このせっかくの換気孔をふさごうとしたものね。フランスで子供が生まれても、それが即、正式な滞在には結びつかなくなった。フランスで子供が生まれて、フランス人の子供の親になりたい人は、少なくとも親から子供の国籍を申請できる、子供が13歳になるまで不法な立場に甘んじなければならなくなった」

フランスにいるセネガル人とマリ人の三分の一は一夫多妻制

一夫多妻制は、マグレブやトルコにはほとんどなく（既婚男性の1％）、主にブラックアフリカで見られるもので、宗教にも関係がない（霊魂信仰、キリスト教、イスラム教など、諸教混在）。国立人口問題研究所の調査で、単身労働者会館に住むマリ人とセネガル人男性について調べたものがあるのだが、それによると、彼らの三分の一以上は祖国に複数の妻を持っていた。一夫多妻制の割合が最も多いのはマンデ民族（70％）で、ブラックアフリカの人たちの四分の一近くもいる。同じことは女性にも当てはまり、マンデ民族の既婚女性の70％が他の妻と一緒に生活していた。また、30歳前の男性は、誰一人一夫多妻ではなかった。このことから、国立人口問題研究所のトリバラは、40歳以上の男性の家族は全て一夫多妻と想定、フランスにいる家族の数を数千、いっても一万以下とはじきだすのだが、この数字は『歴史』（95年11月号）のなかの数字（八千家族）と一致する。そして、一夫多妻制の家族が平均十一人としたら、フランスにいるのは約八万人になる。

取材を終え、アイシャの家をあとにした私は、やりきれない気持ちでいっぱいだった。彼女は楽天的に構えていたが、私には山のような疑問が残ったのだ。Afavoは法にのっとった活動をしていると言うが、だとしたらそれは、人種差別の法律を正当化することになり、人間の基本的人権に反するのではないだろうか？　一夫多妻制や強制的な結婚が自然に反すると言うのなら、強制的な離婚もそう言えるのでは？　第二、第三夫人に共同生活の解消を強いるのは、そういうことではないだろうか？　路上に捨てられたら最後、彼女たちはどうなるのだろう？そして子供たちは？　「誰々の妻」でしかなかった彼女たち、しかも多くは文字が読めず、フランス語も大して話せないのに、どうしてすぐに自立できるのだろう？　彼女たちに何ができるのだろう？　子供もいるのに？

この法律はある意味で男性を追いつめ、他の妻の存在を否認させる。ここで私は一夫多妻制を弁護しているのではない。しかし、ひとたびアパートを取りあげられ、離婚させられ、滞在許可証まで取りあげられたら、この女性たちはどうなるのだろう？　男性が一人を選ぶよう追いつめられたら、一番若い女性を選ぶに決まっている。若ければ、文字も覚えやすく、同化のチャンスも、子供たちと同様多いからだ。そして、最も年上で何も持ち合わせていない女性を路上に捨てる。何をするため？　この耐え難い不正を前に、援助組織には限界があることがわかる。共和国の法にのっとって活動すれば、すなわち、人間の基本的人権に反する法律を正当化することに、彼女たちは気づいているのだろうか？

フランス人も一夫多妻制だったら？

面白いのは、フランス人の「ユニオン - リーブル」（結婚せずに一緒にいる男女）や、自由恋愛、恋人との関係、「お試し結婚」、離婚、同棲などを、アフリカ人たちは「現代の一夫多妻制」と言っていることだ。そう指摘されれば、アフリカの一夫多妻制と違う点はただ一つ、フランス人の間で一夫多妻制は非合法で、正式に認められていないというだけなのでは？

社会学者のジェラール・メルメによると、フランス人で二重、三重の愛情生活を送っている人の数は、どの社会階級でも、40歳から55歳の男性で特に増えているそうだ。彼らは安定した結婚（またはユニオン - リーブル）と、刺激的な愛人との生活を両立させたいらしい。

この現象が実際にどの程度広がっているのか、統計がないのでわからないが、『ヌーヴェル・オブセルヴァトゥール』誌（92年12月10―16日号）の特集で取りあげている。フランス人の間で一夫多妻制が予想外に再流行、二重生活はますます普通になるというのだ。ソルボンヌ大学の教授で、現代日常生活研究センター所長のミシェル・マフェゾリも、二十年ぐらい前から、二重生活はよく見られるようになっていると指摘する。彼はその理由を、平均寿命が延びて、結婚生活の平均もこの一世紀で、二十年から五十年になったからだという。

「夫婦関係が弱くなった結果、ほとんど必要にせまられて、別の強い形を見つけたくなる。かつて、実際に存在していた一夫多妻制が再びあらわれる。昔の男性は、何人も、次から次、妻を娶っていた。彼女たちは産褥《さんじょく》で死んだからだ」

一方、社会学者のジルベール・トルジマンは、これを「色っぽい」一夫多妻制と表現、現在のこの現象はエイズの到来で助長されたと説明する。多数を相手にした浮気が減り、公認の二人、あるいは三人に限った関係になったという。

結局、アフリカ人の方が正直？

次は、カメルーンの女性作家、カリクスト・ベヤラの見方である。「確かに私は一夫多妻制を批判し続けているけれど、ヨーロッパの人が、妻がいながら公認の愛人とときどき会っているのを見ると、結局、アフリカ人の方がどこかで正直なのかもしれないと思うわ。二、三人の妻がいても皆正妻だし、その意味では、アフリカ人の男性は妻たちにも、家族にも責任を取っている。もちろん、疑問に思っていることは何でも言う自由がある。男性だけが妻を何人も持てるのは、不公平だとかね。フェミニストの言うことだけど、一人の男に女性が一人以上とは、もったいないとか……。だけど、私に言わせると、妻は一人だけでももったいない」

母親がフランス人、父親がセネガル人の女性作家、マリー・ヌジアエもベヤラに賛同する。

「アフリカでは、妻が複数でも問題がないの。なぜなら、そこには嘘もなければ、不倫もなく、まさに権利だから」

もう一つのタブー

もう一つ、わけてもタブーな問題は――、アフリカの二十四カ国で実際に行われている、女性の性器の切除や陰部封鎖手術が、フランスでも行われているかどうかである。

GAMS（「性の改変を廃止する女性団体」）の説明によると、「切除」とは、クリトリスの一部と小陰唇を切り取ることで、アフリカの十九カ国で行われているそうだ。一方、陰部封鎖が行われているのはアフリカの六カ国で、切除を行ったうえで大陰唇を切り取り、完成させるもの。これらの手術を受けているのは、アフリカ大陸の三分の一の女性、数にすると一億二千万人の女性や少女たちである。実際の数はもっと多いだろうが、言われているのは、フランスに住むセネガルやマリ、コートジボワール、モーリタニア出身の女性の、少なくとも二万人は性器を切除されていて、一万人の少女が切除されたか、させられそうだということだ。

性器の切除が行われるのは、女の子が生まれたとき、少女時代、思春期、結婚前、最初の子供を産んだ後、と様々だが、フランスでは法律で厳しく禁止していても、時期を遅くするだけなのが心配だ。手術を行うのは高齢の女性で、ナイフやカミソリ、ガラスの破片などを使うのだが、ヨーロッパに住む両親はしばしば、お金を出してアフリカから切除師を呼び寄せる。ところが、フランスでは切除師を呼ぶと起訴されるので、手術はよりリスキーなものになり、その結果、少女たちはバカンスのときなどに、アフリカで切除されることが多くなった。

社会学者のイザベル・ジレットによると、切除の習慣がこれだけ長く続いている理由にも色々あり、だいたい次のようなことがあげられる。まず、先祖からの習慣（お母さんも、おばあちゃんも、皆そうしてきた。だから、娘にもする）、宗教、社会的なもの、それ以外では、社会のプレッシャー、男性支配、女性の服従……。なぜなら、先祖の習慣に従わないと、国へは帰れなくなるからだ。

アイシャが一夫多妻制について、アフリカでは支えあうと語ったように、この種のタブーを取りあげると、どうしても矛盾した状況に陥ってしまう。アフリカの女性たちは、フランスよりアフリカにいる方が解放されているということだ。そこでフランスにいる彼女たちは、アフリカ人としてのアイデンティティを主張したくなり、移住先にいても移民の立場を維持し、何かあったら祖国へ帰るようになる。

Afavo は、GAMS とも連携して活動し、切除手術が女性の健康に及ぼす害についてもっと敏感になるよう訴えている。問題は、両親が祖国で娘たちに切除手術をさせれば、違法ではないという点だ。「私たちにとって重要なテーマは予防。少女たちがフランスでも、アフリカでも手術されないようにしないといけない。これは息の長い仕事になる。伝統の重みはものすごいからよ」と、アイシャは説明する。

宗教を越えた習慣

確かなことは一つ、この種の手術は宗教を越え、霊魂信仰はもちろん、イスラム教、カトリック、プロテスタント、コプト（エチオピア）、ユダヤ教の信者の間でも行われていることだ。アフリカのイスラム教徒の移民たちは、コーランの教えをよく引き合いに出すが、コーランではこの習慣について何も触れていない。もともとは、家族と夫の名誉を守るもので、女性の性器を切除することによって、結婚までの処女性と、結婚したあとの貞節を保証するのである。性器を切除されると、痛みから女性の性欲は減退し、不倫の予防になると言われている。一夫多妻制で欲求不満になりがちな女性を抑えるにはもってこいの習慣だ。フランスに住むアフリカの母親たち（いつも国へ帰りたいと夢見ている）からよく聞かれるのは、「性器を切除していない女の子は結婚相手が見つからない」という言葉だ。あるスーダン人男性のこんな言葉もある。「穴の大きい、完全な女性は、我々の国では引き取り手が見つからない」。

アフリカでは、女性はたくさん子供を産まないと社会的に認められず、独身を通すのは不可能だ。

ところでフランスでは一度、切除手術の際の感染や出血を避けるため、有志の医師たちが麻酔による医学的な手術を提案したのだが、フランス医師会評議会は、医学的に重大な理由がない限り、切除手術は一切認めないことを決定した。医師会が公に拒否したことで、GAMSが行う予防活動はただ一つ、家族がこの問題に敏感になるよう、ドキュメンタリー・ビデオなどを見せて情報を与えていくことだ。手術には危険が伴い、化膿して感染したり、はては全身に感染して死ぬこともあるからだ。

更に「黒人女性を守る運動」では、健康な器官の切除を全て罪とみなし、刑法三百十二条の適用を要求した。この運動は反響を呼び、「性器の切除」で初の訴訟がおめみえしたのは80年代半ば。それまで、様々な議論の影で、これは「違うことの権利」あるいは「文化を尊重すべき」として静観を決め込んでいたフランスの裁判所が、遂に一歩を踏み出し、性器の切除を罪とみなすようになる。こうして84年から数多くの訴訟が起こされ、一つの裁判は、プロの女性切除師に五年の禁固重労働の判決を下している。

こんな例もある。パリ弁護士会の女性弁護士が、強制的な切除手術から逃げてきたマリの女性の弁護を引き受けた。彼女が「難民申請委員会」から得た法的な回答は画期的なものだった。性器の切除は、ジュネーブで採択された「難民の地位に関する条約」にのっとって「迫害」であり、ある状況のもとでは、祖国を逃れてきた人間に難民の資格を与えることも可、という原則が世界で初めて打ち出されたのだ。また、ソマリア人の女性でトップ・モデルになったワリス・ディリエは、胸をえぐるような自伝『砂漠の花』(98年刊)のなかで、彼女自身の切除手術を語っている。以来彼女は、自分の身に危険が降りかかるのを覚悟のうえで、性器の切除に反対して闘っている。

こうみると、フランスにいる限り、性器の切除は罪になり、切除に反対して闘っているフランスの組織も「この習慣は、少なくともイル－ド－フランスでは消えつつあり、いずれ消滅するだろう」と楽観的な見方をしているのだが、私はその見方にはなじめない。

例えば、フランス医師会評議会が麻酔による切除手術も禁止したのはいいとして、実際に一万人の少女が感染症におびやかされている事実が、なにあろう、このフランスにあるのだ。幻想を抱いてはいけない。禁止してもやる人はやる。02年3月の訴訟がそのいい例だ。マリの女性二人と男性一人が、85年から89年の間に、彼らの七人の娘にフランスで切除手術をしたとして、起訴されている。彼らは、この法律の存在を純粋に知らなかったと言って正当化しているのだが……。

たとえ知っていても、家族はバカンスの名目で娘たちを国へ送り、そこで手術を受けさせることができる。母国では誰も邪魔しないからだ。もちろん私は、この習慣を弁護しているのではない。その文化的な背景を見直してみたいのだ。習慣を消すということは、アイデンティティを問い直すことになり、ある意味で文化的な切断になるのではないだろうか？　これは私たちには理解できないくらい強力な習慣で、これらの女性たちは必死でしがみついている。もしその習慣が消えたら、言葉も風習も宗教も違う国で、彼女たちは不安になり、劣る立場にいると感じるのではないだろうか？　娘の性器を切除しないということは、帰国の道を決定的に閉ざし、結婚もかなわず、生涯一人でいなさいということになる。

私にはそれより、もっと人間的に説得できる方法を打ち出した方がいいように思う。手術がそんなにひどいのなら、なぜ、痛みや感染を防ぐために、入院して麻酔をかけてしないのだろう？　結局、男性の割礼は病院で行われているのでは？

忘れていけないのは、中絶が禁止されていても、女性たちは命の危険をもおかし、最悪の条件で中絶したことだ。お金のない女性たちは「子おろし屋」と呼ばれる人のところへ行き、衛生的にもおぞましい条件で、編み針やカテーテルで手術を受けていた。女性作家、アニー・エルノーの『事件』（ガリマール、00年刊）は、その悲劇の証言である。一つ言えるのは、中絶を決意した女性は、何があっても中絶するということだ。

それとどこが違うのだろう？

第七章　デリケートな問題――サン－パピエ

――でも結局、あなたは何か行動で示していますか？　違いを認める権利とか、寛容さ、受け入れ国フランスの理想とか？
――さあ、そういうことをしているかどうか……自分では全くわからない。
（コリーヌ・セローの映画『男と女の危機』、社会党の代議士と、フランスの深部の代表を自認するホームレスとの会話）

既に述べた通り、フランス語で「サン－パピエ」とは、正式な書類がない人たちという意味で、もっと直接的な言葉「密入国者」や「不法滞在の移民」に代わって、最近とみに一般化して使われている。しかし、言葉を弄《もてあそ》んでも意味はない。彼らの状況はおろか、立場になんら変化はないからだ。

サン－パピエの証言を集めた『サン－パピエたちの言葉』（99年刊）のなかで、ベネディクト・グーソーは次のように書いている。「サン－パピエは密入国者ではない。それより彼らは、こう呼ばれるのをきっぱりと拒否している。彼らの大半は、合法的にフランスに入国し、非合法な生活もしていない。サン－パピエでも住居はあり、子供たちは学校に行き、税金も申告し、なかには給料支給明細書を持っている人もいる」

ちなみに学校教育については、全ての子供が無料で教育を受けられるよう、文部省は両親の身分には眼をつむることにした。サン－パピエの人たちに与えられている基本的な権利は——子供の就学と、健康管理（特に妊娠の場合）、この二つだけである。

彼らはどういう人たち？

02年、正式な書類を申請中の人は十四万五千人だが、申請していない人も同じくらいいると思われ、合計すると三十万人になる。この数字は81年と変わらない。つまり毎年、正式な身分になる人がいる一方で、新たに入国する人もいるということだ。

国際移民局の算定によると、EU十五カ国に入国する移民は毎年、正規の手続きをした移民が六十八万人、非合法が五十万人。欧州にいるサン－パピエは三百万人で、アメリカ合衆国にいる不法滞在者、推定七百万人から千二百万人よりは少ない。

では、サン－パピエとはどういう人たちのことを言うのか、実際のサン－パピエでセネガル女性、マジゲーヌ・シセの話を聞こう。彼女は、96年の夏、抗議のために18区のサン・ベルナール教会を占領したサン－パピエたちのスポークスマンである。

「私たちは全員、フランスの旧植民地の出身者なの。特に西アフリカの国の人が多くて、主にマリ、セネガル、ギニア、モーリタニアの人ね。でも、マグレブの人たちも何人かいるし、ザイール人が一人と、ハイチのカップルも一組いる。国を離れるのは、たいていは仕事を見つけるためだけど、フランスに眼がいくのは当たり前ね。よく知っている国だし、言葉も勉強したし、文化も少しは身につけた。

私たちが耳にするのは、フランス政府もそう言っているけど、サン‐パピエをなくす解決法は、移民の理由を根絶することだということ。つまり、発展途上国をできるだけ援助して、その国の人たちが必要とする仕事を、現地で見つけられるようにすること。これはとてもいい考えなんだけど、フランスがアフリカでしていることは全く違う。フランス政府は、かつての植民地が本当の意味で独立国になるのに、何一つしようとしなかった。その反対で、フランスは巧みな形で支配し、開発しようとした。セネガルでは、フランスが投資しているのは、これから発展するセクターではなく、既に利益があがっているところ。もう数十年もそんな感じで、いまの私たちは新植民地状態。フランスは、移民の原因を根絶するなんてことは、全く頭にない。非常に現実的な経済的利益を守るためにいる。新植民地主義のフランスと、アフリカのブルジョワと、双方が得するために。するとどうなるか。現地の人を自立させるのではなく、自分たちの利益を優先する立場で話す。

密入国者という概念は、非常にネガティヴなものを感じさせる。身を隠して生きるということで、それは結局、何か隠すことがあるということになる。私たちが立ち上がったのは、『私たちはフランスで生活していて、密入国者なんかではない、ごく普通の人間だ』って、声を大にして言うためだったの」

問題を無視することは、貧困層や、第四世界と言われる、先進国の底辺にいる労働者階層の存在を生みだしてしまうことである。手を下しているのは、「新世紀の奴隷商人」と呼ばれる人たちだ。サン－パピエの人たちは全て同じ話をする。彼らが国から逃げるのは、内戦や政治的粛清、テロ、拷問、民族間や過激分子の殺し合い、飢餓や貧困などを避ける必要に迫られてのことだと。つまり逃避は、ほとんどの場合、生き延びるためなのだ。


後に戻れない出発……


「フランスは、正式な書類があるといいけれど、ないと生きづらい」

このため息は、『サン－パピエたちの言葉』のなかにある、ある中国人男性の発言だ。この本は、「サン－パピエ集団支援委員会」メンバーのグーソーが、三十人のサン－パピエの証言を集めたもので、私たちに色々なことを考えさせてくれる。

彼らがフランスへ来たのは、例外なく、フランスは伝統的に受け入れの国で、庇護の地だという評判があったからである。「ごく自然に、僕はフランスを考えた。地理的に近いし、言葉もわかった」とは、あるアルジェリア人のサン－パピエの説明だが、このフレーズは全ての証言にある。彼らは痛々しいほど失望している。なぜなら、フランスへ来るために、財産の全てを捨てるか、清算してきた人がほとんどだからだ。それでも、彼らの誰一人として後戻りを考えていない。ハンストを繰り返して政府にプレッシャーをかけ、彼らが後戻りできない状況にいることを緊急に訴えている。あるザイール人のカップルは、その状況を次のように語る。「もし、私たちが国にいて満足していたら、残っているでしょう。自分の国の方がいいし、ここだと外国人ですからね。私は好きでここにいるのではない。国にいると虐殺があるので、ここへ避難してきたんです」。更に、中国で二十年間医師をしていたある中国人男性は言う。「もし私が中国へ帰ったら、五年間刑務所に入れられる恐れがある」。彼はフランスへ来て三年間、中国料理店と服を作る工場で働いたあと、現在、同胞のために診療をしているのだが、フランスの中国人からは大変に喜ばれている。中国語でやり取りができるし、何より彼らは社会保障の恩恵を受けられないからだ。

貧困層に生まれて

サン－パピエたちは、身をもって体験した受け入れ態勢に恐ろしいほど失望している。警察の検問を避けて生きなければならない辛さ、そして、貧困の更に下をいく惨《みじ》めな人生に、皆追いつめられている。彼らが路上生活者にならずに生き延びられるかどうかは、民族の連帯にのみかかっている。12歳のときに、両親や弟とフランスに着いたある中国人女性は、父親（フランス語を一言も話せなかった）が住居を見つけ出すまで、地下鉄のなかで夜を過ごしたと語っている。「あれはとても嫌な思い出で、忘れるようにしています。フランスを好きになるために」

と彼女は言う。この家族が中国を出たのは、「一人っ子政策」に反し子供が二人もよけいにいて、四人目もほしかったからなのだが、はたしてその決断でよかったのかどうか、いまは考え直しているに違いない。彼らの娘は、いまもフランス語をマスターするのに一生懸命なのだが、フランスの学校に就学することさえできなかった。理由は簡単、フランスの公立学校は無料だということを、両親は知らなかったのだ。

貧しい人たちからの搾取

正式の書類がないと、彼らは正式に働くことができず、国からの助成金も一切もらえない。いきおい、闇の仕事か、低賃金で働くことになる。ガーナ人のサン＝パピエの夫婦が私に話してくれたように、「毎朝、今日はどうやって百フラン（約二千円）を稼ごうかと考えて起きるのです」。

サン＝パピエの人たちの仕事は、家政婦、ベビーシッター、高齢者の世話、市場へ商品を運ぶトラックの積み替え助手などで、中国人社会で特に多いのが、料理関係（主に皿洗い）、飲食店、縫製業関係だ。フランス人より二倍も三倍も働いているのに、収入は二千フランから三千フラン（四万円から六万円）を超えることは稀。それでも生活をもっとよくしようと一生懸命だ。

非合法ゆえに、貧しさにムチを打つような悪質な搾取組織もあり、それが同じ民族によることも多い。雀の涙のお金のために、おぞましい状況で働き（地下室にある縫製工場など）、更にお金をもらっていないサン－パピエもなかにはいる。あるアルジェリア人男性は、「親方はお金を払ってくれないことがたまにあったけど、僕は何も言えなかった」と憤懣《ふんまん》をぶちまける。また、ある中国人男性は、「僕の親方は、二カ月分払ってくれなかった。僕がもらえるはずのお金は一万フラン（約二十万円）で、僕にとっては大金だった。親方は、僕がお金を要求したら、警察を呼ぶと言った。親方はサン－パピエだと反抗できないのが、わかっていた」。

前述のモロッコ出身のフランス人、バルバルに聞いた話だが、最近また、悪質な縫製工場が摘発されたそうだ。経営者はトルコ人を雇って働かせ、工場内や地下室で眠らせていたという。それも、トルコ人たちは全て密入国者で、身を隠していたからだ。彼らなら意のままに搾取できる。ディジョンで話題になったのは、モロッコ人の飲食店経営者で、彼は二人のサン－パピエを一日中働かせた後、夜は厨房に眠らせていた。それも月三万円から四万円の賃金で……。休みは週に一日だけで、経営者が二人にいずれ正式な書類がもらえると言っていたのは、真っ赤な嘘だった。身を隠し、奴隷のような生活を送っていたのは、前出のソマリア出身の女性でトップ・モデルになったワリスも同じ。彼女は家族のためにイギリスで、建て前は何でもするメード、実際は奴隷のように働いていた。イギリスにいる間、休日は一日もなく、おじは彼女を一人ロンドンに残してどこかへ行ってしまった。

サン－パピエの人たちはデモで次のように言う。「私たちは税金も家賃も払っている。そして、正式に働いている場合は、社会保障の負担金も払っている。失業や、生活の不安におびやかされていないときは、縫製工場や皮革製造業、工事現場、飲食店、清掃業などで辛い仕事をしている。フランス人なら簡単に断る条件でも、サン‐パピエには権利がないからだ。私たちは会社が押しつける仕事の条件を受け入れている。それも、都合のいい人のためというのは知っている」

五十人分の人生の責任

アフリカ人のなかには、五十人分の人生の重荷を背負ってフランスに来る人がいる。「家族のために、一日14kgの米が必要だ」と、あるマリ人男性は説明する。アフリカの共同体のなかには、男性たちが交代でフランスへ行き、村のために水汲みポンプを買ったり、ダムを作ったりする資金を稼いでいるところもある。

02年6月、テレビのフランス2で放映されたドキュメンタリーは、まさに現地からのその報告で、私の目を惹きつけた。セネガルの多くの村が、村出身の「パリジャン」(四千人の村に四百人)から送られてくるお金に依存しているのだ。こうしてモスクの尖塔や学校、産院が建てられた。ある助産婦は、誰から給料をもらっているかと聞かれ、ためらいなく「パリジャンよ!」と答えている。このことからもわかるように、男性たちは全員、村を「急場から救い」、あわよくば財産を築くために旅立っていく。しかし、その道のりは長く、目的地まで着くのに七年かかることもある。「約束の地フランス」にたどり着くには、トラックでアルジェリアなどを経由してモロッコに着き、その間、越境手引き人や砂漠、武装強盗団などから生き延びなければならない。途中で引き返すのは問題外。男のプライドに関わってくるからだ。運よく国境の隙間をくぐり抜けた一人の男性は、「国へは帰りたくない。男が目的を達成しなかったら、国へ帰っても恥ずかしい」と説明する。

フランスの行政に怒りを覚える

一斉に非難されているのは、フランス人より、フランスの行政であり、県警だ。どの証言をみても、そのあたりの不公平さを一様に訴えている。正式な手続きをするために県警に行くと、窓口の職員の匙《さじ》加減、またはその日の気分で扱われることが多すぎるのだ。しかも、その職員はアンティル諸島出身者が多く、彼らは最近の移民に対して意地悪だという。

とはいえ、なかには断固たる措置に賛成の人もいる。毎年、フランスで正式に認めるサン－パピエの数を適当に決め、割り当て制にすればいいというのもその一つ。自身アルジェリア移民の子孫で、「SOS人種差別」代表のブーティなどが強硬派だ。「サン－パピエを組織している一部の人間がしていることは、知的なテロだ。何でもかでもサン－パピエに対して義務があり、彼らの前にひざまずかなきゃいけないなんてね。これから先も永遠に移民があり、不法滞在者がいる状況で、どうして全ての人間に正式な書類をなどと要求できるんだ？　そろそろこう言ってもいい時期だ。『フランスはこれだけの外国人なら受け入れられる』とね。ある程度の数の人たちを受け入れ、読み書きを教え、住居を与え、移民の正式な手続きもする。他の移民？　共同開発で、フランスに来ないようにすればいい」

左派政権がもたらした希望も、失望に終ることが多かった。あるクルド人は言う。「ジョスパンは社会主義者だと言うが、社会主義者も右派も同じ法律を作っている……」

しかし、こんな不安定な状況にもかかわらず、サン‐パピエの人たちがフランス人を見る目は概《おおむ》ね肯定的だ。例えば、ある中国人男性から見たフランス人は、「親切だが、あまり働かない」。勤勉に働く傾向の強い中国人に言わせると、さもありなん。

また、彼らの貢献度も、例をあげるときりがない。「フランス人は我々のような仕事をしたがらない。我々は受け入れる」とは、ザイール人男性の冷静な見方だ。サン‐パピエの集団「第三集団」の一人も、「現在、労働者の人手不足が話題になり、再び国境をオープンにしようという案が出されているが、だったらなぜ、いまここにいる者たちから雇わないんだ？」と語る。「我々を正式に認めたくないことで、フランスは多くのお金を失っている」とは中国人男性。一方、アルジェリア人男性も、「正式な身分になったら、目的のない人生を送るブールの若者たちのために徹底的に身を捧げたい」と夢を語る。

正式な書類で全てが変わる

『ル・モンド　ディプロマティック』誌02年3―4月号の記事、「正式な書類があると、人生はどう変わるか?」で、97年から98年にフランスで正式な身分を獲得したサン-パピエの追跡調査をした、社会学者のスマイン・ラーシェルは、「給料の面でも、定期的な収入、労働条件でも、全体的に改善は顕著だった」と確認する。わかりやすく説明すると、最低賃金の三分の二以下しか稼いでいなかった人は、44%から14%に減り、逆に、最低賃金の給料をもらう人は倍になった(18%から37%)。更に、正式な身分になって職場を変えた人は、生活の条件も目に見えてよくなった。

正式な書類を与えるサン-パピエの数を割り当て制にすべきだというブーティは、正しいかもしれない。なぜなら、いくら正式な身分を与えても、サン-パピエの数はいっこうに減らないからだ。02年8月29日にも、セーヌ-サン-ドゥニ県が身分を正式にする調整を行うというので、サン-ドゥニ教会堂の前に二千人のサン-パピエが列を作った。書類が取得できるかもしれないと思った彼らが、リストに名前を登録するために集まったのだ。大部分が、テレビでこのニュースを聞いて、わざわざやってきたと言っている。

それを見て保守の王党派は「宗教の場が冒瀆《ぼうとく》されることに苛立ちを覚える」として、サン-パピエたちの追放を要求したのに対し、96年、パリのサン-タンブロワーズ教会やサン-ベルナール教会がサン-パピエに占拠されて以来、「人権に合致した解決法を見出す」ために仲介役をしているフランス司教団は、「隠れた生活を余儀なくされている、何千人というサン-パピエの状況が解決されることを希望する」と表明する。そんな聖職者たちを、国民戦線のル・

Le Monde
www.lemonde.fr
VENDREDI 30 AOÛT 2002

SÉRIES DE L'ÉTÉ
VILLES OUBLIÉES
Plymouth
La Pompéi des Caraïbes p. 16
VIEUX MÉTIERS
Le garde forestier
Accueillir le public et protéger la forêt p. 8
SUPPLÉMENT
DES LIVRES
La rentrée : panorama et coups de cœur

Le retour des sans-papiers
Vent d'espoir chez les immigrés en situation irrégulière, soutenus par l'Eglise catholique

Le Medef s'impatiente : il juge Raffarin « prudent » et « hésitant »

『ル・モンド』2002年８月30日

ペンが「腰抜け」と非難すると、「サン－ドゥニ教会堂は占拠されているのではない。難しい状況にいる人たちを迎え入れているのだ」と言い返されている。その後サン－ドゥニ教会堂の活動を受け、パリの教会のあちこちで、似たような受け入れ運動が続けられようとしている。

サン－パピエを支援するグループ

ところでサン－パピエの代表的な支援グループ「第三集団」の闘いのアウトラインは次のようになっている。また、他の組織としては、以下のようなものがある。

La Cimade

毎年、数千人の外国人が支援を求めてくる。

シマド（グルネル通り一七六、パリ７区）は、全世界の教会が合同で助け合う組織で、追放される外国人の移民や、難民、避難申請者につきそって行く。創設は39年、フランスの南部の強制収容所に入れられた人たちを助け、ナチズムに対抗し、ユダヤ人を助けるために積極的な活動を行った。以来、他のカトリックの組織や、ギリシア正教、宗教から独立した組織と合同で、

第三集団・闘いのアウトライン

我々は、第三集団のサン-パピエである。

我々の出身地は中国、トルコ、マグレブ、アフリカだ。四年前から我々は、非合法な状態から抜け出し、正式な身分を要求することにした。１９９７年6月にシュヴェーヌマンの通達があったとき、我々のうちの数百人が正式な身分を手にした。彼らのことは喜びたいが、彼らの身上書は我々のと同じだった。政府や行政はなぜ、ある人を受け入れ、他の人を拒否するのか、我々には理解できない。

我々の身上書が却下されたとき、我々は県警や内務省に訴えた。我々の訴えは、いずれのケースでも、通達によって拒否されたが、訴えが読まれたという印象はなかった。

そのため、我々は１９９８年の6月と7月に、バティニョル教会で３０日間のハンストを行い、それでやっと政府は却下した申請を幾つか再検討し、何人かは正式な身分になれた。しかし、我々の仲間の３００人以上はまだ拒否されていて、フランス中では6万人にもなる。

我々は、我々の身上書をフランス共和国のオンブズマンに委ねたが、彼らの必死な努力にもかかわらず、いま現在、我々の身上書が徹底的に調査されたあと、１０人ぐらいしか正式な書類を手にしていない。

我々のうち、１０年以上フランスにいる者は、１９９８年5月１０日のシュヴェーヌマン法の名において、正式な身分にしてもらえるよう努力した。しかし、我々が提出した滞在の証拠は、行政側にことごとく異議を申し立てられ、その意味で、この門も閉ざされてしまった。

現在、我々にはもう出口がない。我々は政府の言葉を信じ、我々の名前、住所、我々に関する情報を全て行政に与えたが、我々は再び非合法な雇用主の手中に捨てられた。この非合法な状態から抜け出すために、我々はできることを全てしたのだった。

政府は家族の境遇を正しいものにしたと主張している。それは間違いだ。オンブズマンに預けた３０３通の身上書のうち、独身のケースは５３通しかなく、他は全て家族単位、全部で１１１人の子供がいて、うち４６人の子供はフランスで生まれている。フランスでの滞在期間にしても、我々の２６５人は6年以上、１２４人は9年以上だ。

我々はなにも特権を求めているのではない。ただ単に、普通の人と同じように生活し、働き、普通の条件で子供を育てたいだけである。

現在、労働者の人手不足が話題になり、国境を再びオープンにしようという案が出されているが、ならばなぜ、ここにいる我々から雇わないのだろう?

現在、法的手段の道は全て閉ざされ、我々はあなた方に頼るしかない。

我々を助けて下さい。あなた方の支援を政府や行政、議員たちに知らせ、彼らが立場を変え、我々に正式な書類を与えるよう働きかけて下さい。

フランスの難民や外国人のために活動している。

また、人権がおびやかされているところに目を光らせ、証拠を集め、国や国際的な機関に訴える努力もしている。

何か事があれば、沈黙の闇に葬られないよう、あるいは、外国人に対する差別の実態をつかんだら、即行動に移す。そのため、あらゆる方法で、日々、人権を無視された外国人に会って証言を集める努力をしている。憲法に基づいて、行政の文書や実務面で、全ての人間の尊厳が尊重されるために活動している組織である。

ここへ避難を求めてくる人の主な依頼は、難民の認定である。また、アルジェリア人のように難民申請が難しい場合は、人権難民の認定になる。シマドのメンバーは、数多くの難しい状況の解決にあたっている。ことに、数年前から避難の権利が制限された結果、悲劇的な状況もある。受け入れの基本は、まず話を聞き、当事者の信頼をかちえたうえで、これまでのことを洗いざらい話してもらうことにつきる。申請に足りると判断されたところで、行政の手続きに同伴する援助の手が差しのべられる。

最も重要な問題は、やはり正式な書類を得ることだ。なぜなら、ここへ来る多くの外国人の大半は、フランスで生活する権利を得、維持するための援助を求めているからだ。

ここ数年、家族で生活する権利の規制措置で、避難権を却下された人たちは、国へ帰ることができず、帰りたいとも望んでいない。これらの外国人は、何年間もフランスに住んでいる人が多く、役所の煩雑な手続きと闘っている。

L'OFPRA

52年に創立されたL'Office français de protection des réfugiés et apatrides（難民ならびに無国籍者を保護するフランス公社）は、外務省管轄の公共機関である。

全ての外国人は難民の申請をすることができる。51年7月28日のジュネーヴで採択された「難民の地位に関する条約」（第一条）では、難民の定義を、次のようにうたっている。「人種、宗教、国籍若しくは特定の社会的集団の構成員であること又は政治的意見を理由に迫害を受けるおそれがあるという十分に理由のある恐怖を有するために、国籍国の外にいる者であって、その国籍国の保護を受けることができないもの又はそのような恐怖を有するためにその国籍国の保護を受けることを望まないもの及びこれらの事件の結果として常居所を有していた国の外にいる無国籍者であって、当該常居所を有していた国に帰ることができないもの又はそのような恐怖を有するために当該常居所を有していた国に帰ることを望まないもの」。また、フランスで98年5月11日に施行された法律によって、「自由の名のもとの行動が迫害されている」外国人にも、難民認定が出るようになった。

無国籍者の認定は、どの国からも国籍を認めてもらえない人によって申請できる。手続きは難民認定と実質的に同じ。一度、無国籍者に認定されると、三年間の滞在許可証がもらえ、三年たって初めて居留許可証が申請できる。これは例外的な手続きで、国にいると命や自由がおびやかされたり、拷問や非人間的な扱い、虐待を受ける人のためのもので、決定権は内務省にある。しかし、この認定を受けられるケースは非常に少ない。

L'OFPRAが難民認定をしてくれた場合、認定証がもらえ、居留許可証がおりるまで、六カ月間の滞在と仕事が認められる。逆に難民認定をしてくれなかった場合は、仮の許可証が取りあげられ、一カ月以内に自分の意志でフランスを離れるよう通告される。そのままフランスにいると、国外への追放や、法的追及などの危険に身をさらすことになる。それでも、十五日以内に書類で不服申し立てを提出し、国に帰ると待っている危険を訴えることは可能。

サン－パピエたちへのインタビュー

私はインタビューをするのに、違う民族出身の三人のサン－パピエを選んだ。カビリア地方出身のアルジェリア人、ルーマニア人、コンゴ共和国出身の人の三人で、それに浙江省《ジェジャング》温《ウエン》州《チョウ》出身の中国人の証言を加えることもできた。

四人は、現在フランスに庇護の地を求めている人たちの典型のように思えた。アルジェリア人は、過去の植民地の絆を頼りに、未だにフランスを目ざし続けている。東欧の人たちといえば、貧困から逃げる人もいれば、政治難民の認定を求めてやってくる人もいる。温州の中国人については、彼らがフランスにいるのは、第一次世界大戦まで遡る長い歴史がある。

私がインタビューした四人のサン－パピエは、正式な権利がなくても働いていた。ただしなかの一人、アルジェリア出身の31歳の女性ジャミラは、五年半の闘いで、身分を正式にすることができた。

エマニュエルの場合

エマニュエルはルーマニア人で、45歳。ハンサムで、身だしなみもよく、エレガントな男性だ。人形のように澄んだ目が美しく、少し「星の王子さま」を思わせる。年齢より十五歳は若く見えるだろうが、彼自身は自分の魅力に気づいていない。フランス語も素晴らしく、東欧のアクセントはほとんどない。私から見ると、文法の間違いも全くなかった。言葉の才能に恵まれた人の一人である。共同生活をしているフランス女性、ダニエルは48歳。

「十年ほど前、パリに行っていたルーマニア人の女友だちが、僕にフランスに来てダニエルに会わないかと言ってきたんです。僕は『いいんじゃない』って、泊まるなら友だちのセリーヌのところがあると思って来ました。それが90年で、三カ月の観光ヴィザだった。そのときは二カ月いました。ダニエルは夫と別居していましたが、離婚はまだだった。彼女と会って、二カ月一緒に生活して、それから僕はルーマニアへ帰りました。僕としては、二人で同居する前に、彼女の立場をすっきりしてほしかった。彼女は離婚の手続きを始めました。それで僕は90年11月に戻って、91年2月にまたルーマニアへ帰り、それから91年7月に、また観光ヴィザで来ました。面倒なことが始まったのはそれからで、彼女はまだ離婚していなかったから、僕たちは結婚できなかった。92年1月に離婚が成立したんですけど、そのときは僕のヴィザがもう切れていて、政治難民の申請をしても拒否されてばかりでした」

政治難民の身分を手にするのは僅か15％

「93年に結婚しようとして、ヌイイ・プレザンス市役所に届けたら、市長に拒否されました。普通、市長には人の結婚を拒否する権利はない。だから、市長に圧力をかけて、非難することはできたでしょうね。僕は正式な書類がほしくて、ミッテランとシラクに手紙を送ったんですが、返事は同じ、県警に申請しなさいということでした。で、申請したけど、返事がないままです。

最初僕は、健康上の理由で六カ月の滞在許可証をもらいました。でも、それだと仕事はできません。許可証の期限は00年5月から切れたままになっています。僕は再度、援助組織のシマドに申請を試みたけど、返事はまだ来ません。この組織は各団体の合同組織で、もともとは強制収容所に入れられた外国人を受け入れるためのものだった。こういう組織は他にL'OFPRAもあるんですが、政治難民を申請しても、申請者の15％しか認められないのが現状です」

一カ月二千五百から三千フランで生活

「僕には正式に働く権利がないんですが、六カ月間の仕事を二回もしました。社会保障の恩恵を受けないでです。雇う方は、どっちつかずのうまいやり方をするんです。98年5月に、ジョスパン政権でシュヴェーヌマン法が成立しましたが、同じ日に、四十頁にのぼる適用法が追加可決され、適用の範囲はものすごくせばめられました。一見、寛大な法律に見えたんですが、適用法の施行で、非常に制限のある法律になった。申請が県警で却下されたあと、僕は鬱病になって、家庭生活も彼女との関係も悪くなりました。それに加えて仕事も、社会保障もない。それでも僕は治療しなきゃいけない。こうなると生活の不安定さを思い知るだけで、あの法律は偽善だっていうことがよくわかりましたね。

僕が一緒に住んでいる女性ダニエルは、子供の頃に捨てられて、里親の家庭で育ちました。17歳のときに初めて父親に会ったそうです。14、15歳のときに、父方の祖父母の家に引き取られました。プレスとアイロンがけの職業適性証書を取得して、15歳で働き始めています。でも、脊柱を痛めて、五年前にやめました。実際は、そのときの経営者が、クリーニング店を売りたがっていて、彼女を首にするより、自分からやめるように仕向けたんです。いま僕たちは民間の失業保険で生活しています。失業者のための連帯保証のようなもので、RMIと同じくらいの額です。月に二千五百から三千フラン（約五万から六万円）で、プラス、僕が闇で稼ぐお金です。一度マルヌ川で、長さ40m、幅7mの運搬船のペンキを塗る仕事をしました。まず錆を取ってから塗りました。そのときの雇用主に僕の状況を説明したら、女性弁護士を紹介してくれたんですが、僕が四カ月かけて稼いだお金が、そっくり弁護士への謝礼になった。一万フラン（約二十万円）かかった。でも、いつまでたってもいい返事は来ない。僕が弁護士料を払えなくなったら、彼女は書類をペンディングにしておくと言ってきました」

生きることが苦しみになる

「僕が立ち直れたのは、一人の医者のおかげです。抗鬱剤と、その副作用を抑える抗不安剤をくれたんです。僕は恐怖心にかられていた。外へ出るのが異常に怖く、暗がりにばかりいたがった。誰にも会いたくなかった。こんなことは初めてだった。人は誰でも鬱病の気はありますが、僕は重度の鬱病だった。車に喩えると、モーターの状態はいいのに、調整がうまくいかないという感じで、だから、調整しなければいけない。頭ではそう思っても、僕は完全に調子が狂っていた。ずっとそういう感じで、抗鬱剤を一年間飲みました。パリへ行くのにRERに乗らなきゃいけないときは、隅っこにうずくまったままでした。どうしてこんなことになるのか、信じられない。いまでも何があんなに怖かったのか納得できませんが、そういう状態は二年ほど続きました。家族のことも、将来のことも、何も考えたくなくて、その日その日を生きていました。計画も何も立てられなかった。

いまはもう大丈夫。正式な書類がなくても、あんなことは思わない。どうなるかわかっていますからね。もうぶり返したくない。自殺なんかしたくないですからね。自殺してもいいのではないかと、頭をよぎったことがあるんです。生きることが、説明のつかない大きな苦しみになる。四六時中苦しみ、眠れないほどになる。薬を飲むと眠れるんですが、精神は一時も休まない。目が覚めると、とても疲れているんです。朝より夕方の方が疲れが少なく、昼間の間に夜眠れないことによる疲れを取るようにしていました。いま、体重は７kg取り戻しました。僕の身長は１m90cmぐらいで、体重は普通80kgなんですが、あのときは本当に痩せて、70kgしかなかった。無理にでも食べるようにしたんですが、うまくいかなくて、食欲もなかった。医者はダニエルに注意するように言って、彼女も不安になっていました……」

なぜ子供を作らなかったのか？

「皆、僕たちになぜ結婚しなかったのかと聞きます。でも、僕に滞在許可証があったときは、それほど現実的ではなかった。これまでの体験から、正式な書類をもらうための結婚はしたくなかったんです。県警でも、なぜ子供を作らなかったのかと言われた。行政も正式な書類のために子供を作る方法を勧めるんですね。僕自身、この耳で聞いたし、セリーヌも聞いた。僕は一人じゃないですからね。でも僕は嫌です。ひどいですよ。なかにはそうしている人もいるかもしれないけど、恐ろしいじゃありませんか？　子供を作るなら愛情からで、作ったら養わなければいけない。自分の目的を達成するために子供を作ったら、それは賭け、道具です。それを行政が勧めているのは、もっといけない。許可証のために子供を作るんなら、国へ帰った方がまだまし、じゃなきゃ他へ行きたいですよ。こんなことを言うのも情けない！」

自分の国で異邦人

「ルーマニアに帰ることを考えているかですか？　ダニエルはこの話に耳を傾けようとしなかった。おまけに、ある限界を超えてしまった……。もう戻れませんね。僕はもう十年もフランスにいるんです。母と妹は向こうにいますが、僕が帰ったらカルチャーショックが大きすぎるでしょう。国にいる人たちとの関係では、僕は変わった。向こうにいる友人や知人たちは、どのように変わったのだろう？　現地に行くと、自分の国なのに異邦人のように見える。考え方の違いでがっかりするはずです。違う方向で変わってしまった。十年間刑務所にいて、出所するときに不安になるのと同じです。体型も変わっています。僕はずっと帰っていない。どうやって生活しているのかと、よく聞かれます。母は92年にここへ来ました。妹は、フランス―ルーマニア間の運送・旅行会社で働いているので、ほとんど毎年、一、二カ月はここへ来ます。僕のところではなく、会社で泊まるところがあるんです。そうやって僕は家族との関係を保っています……。

実際、物足りないのは僕の内面で、いまの自分に満足していない。ダニエルにも非難されるんですが、僕はここで居心地がいいと思ったことがない。こういう状況だと責任を持つのも難しい。家賃と、電気、電話代は彼女が払って、僕は買い物、食料を引き受けています。それくらいしないと、彼女が全部責任を負うことになりますからね。男性にとっては辛い立場です。よく、そのことで非難されるんですが、傷つきます。生きるのは大変です。彼女の両親から非難されるのも嫌ですね。

彼女とは何度も口論して、こう言ってあります。『もし君がうんざりしたら、今日言って明日っていうのだけはやめてほしい。その前に時間をくれないといけないって。少なくとも一カ月の時間をくれ』。僕はどこへでも行くけれど、その前に時間をくれないといけないって。すっきりさせないといけない。恨みや怒りが残ってはいけない。そういうわけで、彼女と口論するときは激しい。僕は彼女に言いました。もし僕を非難し続けるんなら、どこかへ行ってしまうって。その後彼女が何をするのかはわかりません。もう48歳ですからね。僕は彼女も苦しむと思う。僕も自分の年齢では悩んでいますが、答えは見つからない」

僕は安上がり

「いま僕はセルフサービスの洗車のスタンドで仕事をしていて、洗車の機械の維持にあたっています。その前は、運送会社で荷扱いをしていました。倉庫に収めた小荷物の重さを量る仕事だった。妹も同じルーマニアの会社で働いているんですが、彼女はコンピュータのプログラマーです。僕はそこで一年ほど働いて、社長と喧嘩してやめました。もともと僕はその社長と同僚で、一緒にコンピュータの修理をしていたんです。彼は僕より少し前にフランスに来て、難民の身分を手に入れた。それからすぐこの事業を立ち上げて、僕が鬱病のとき、オランダとの間で新しい事業を始めるから、手伝ってくれないかと言ってきた。向こうで棚ざらえの家電製品や、小型のステレオセットを入手して、使える状態に直し、ルーマニアで再び売るという話だった。最初のアイデアはよかったんですが、この話は実現されなかった。実際は、僕はトラックから荷物を降ろして、ダンボールの箱や小荷物を倉庫に運ぶために雇われたんです。彼が僕にくれた給料は、一日八時間働いて月に二千四百フラン（約四万八千円）。この金額はルーマニアから来た人を雇うには高額です。向こうの月給の平均は五百フラン（約一万円）ですからね。それははっきりしていますが、向こうから来た人と、ここで生活している人間を比べることはできない。出稼ぎのルーマニア人は、ここで一、二カ月働きます。食料や衣類も持ってきて、泊まるところもある。ここには観光バスや長距離トラックの運転手用の小部屋がありますからね。

小荷物は5kgから30kgの重さだった。それに荷札をつけて、運ばなければならなかった。くだらない仕事だった。僕は九時から十八時まで、一日八時間働いたうえに、会社がパリで、住んでいるのが郊外だから、通勤に二時間かかった。一日十時間かけて、稼ぐのが月に二千四百フラン。まあ、交通費は払ってくれましたが、やっぱりね。ある日の夕方六時頃に、事務所に彼から電話がかかってきて、僕に追加でトラックの荷降ろしをするように言ってきた。僕は彼に、仕事は普通六時で終るものだと言って、不満を伝えた。彼は深夜の一時でも平気で従業員に電話して、トラックの荷降ろしを頼んだ。皆言われた通りにしていましたが、嫌々だったのはわかりきっている。その給料を払えばいくらでも代わりは見つかると豪語した。僕は、今回は引き受けるが、ここの生活費は高く、出稼ぎの人と違って、パン以外にも買うものがあると言った。僕の稼ぎはほぼＲＭＩ並みで、最低賃金（二千八百フランぐらい＝約五万六千円）より低かったんです。彼は、僕を同情で雇ったと言いましたが、僕は彼の同情なんかいらない！

いま僕がいる洗車スタンドでも、月にもらうのは二千四百フランだから、稼ぎは同じです。でも、一日に四時間で、家からも近い。機械の維持をしているんですが、やり方は必要にせまられて、使用説明書を読んで覚えました。僕は不器用ではないし、病気じゃないときは頭の回転もいい。実は、病気のときもここで働いていた。そのときは、何かに触るのが恐怖で、いまなら十分間でできることに異常なほど時間がかかった。ちゃんとできないのではないかと怖かった。病気のときは、うまくいかないという思いにとらわれて、最初から負けているんですね。この仕事は、自分で直接スタンドへ行って、雇ってくれないかと頼んだんです。身分証明書の検問があったら、ここで洗車をしている、働いてはいないと言うつもりです。いずれにしろ、つかまったら、働いていないと言うしかない。僕には仕事をする権利はないんですからね。これは自分で考えたシナリオです。雇用主にはよけいな先入観を持ってほしくない。もし彼が正式に誰かを雇ったら、書類を作って、社会保障も払わないといけない。それじゃやっていけない。フルタイムの契約で、一日八時間で人を雇うことはできない。僕は彼にとって、明らかに安上がりなんです。僕は土、日も働いて、日々の点検のために一時間います。故障させないためには、一日に二回行かなければいけない。洗車台が三個と、掃除機が一つあるので、全部いい状態にしておかないといけない。午前中三時間、午後一時間いるんですが、雇用主と二人だけで、他には誰もいない。それが僕にはいいですね。

フランスでは、親切な人もいます。僕は要求の多い人間じゃない。でもいまの僕は人をも殺す狂った犬のようです……。僕なりに正義があって、何としてでもそれを貫き通したいんです。仕事は見つけられると思っていますが、技術の進歩が早すぎて、僕は目標を全て失っています。自分の能力に合った仕事がしたい。仕事が平等で、フランス人と外国人の給料も同じという会社がよいですね」

ルーマニア人は悪く見られる

「僕はチャウシェスク政権が崩壊してから来ました。以前は国から出られなかった。いずれにしろ、政治難民を申請するには証明が必要で、いったん国を出たらほぼ帰れない。帰っても嫌われるでしょう。90年以前は、毎年十人ぐらいのルーマニア人が政治難民に認められていました。向こうでは、国を出る必要のない政治家たちが非常に優遇されていた。90年以降、難民を申請するには権利を侵害されているとか、精神的、肉体的に拷問を受けているという証明が必要になったんです。

ルーマニアは、貧困層が80％という特殊な社会です。その他は特権階級で、特別のクリニックまでありました。仕事でも、競争相手が共産党員だと、最初から負けが決まっていた。ほとんどは根っからの共産党員ではなかったんですが、当時は皆仕方がないと思っていたんですね。医療の分野も共産党だった。ルーマニア人だというと、ここでは悪く見られますね。更に、ルーマニア語はほとんど死語で、誰も学びたがらない。

フランスにルーマニア人はたくさんいます。皆救済センターの部屋に、十人、十五人と押し込められている。モーベール・ミュチュアリテ教会に警察が手入れに入ったという話を聞きました。皆そこでテキスタイルや靴を売っていた。ノミの市のようだったんですね。袋小路があると、全部市場にしてしまう……。僕は信者ですが、この教会には行きません。

僕はケベックへ行く申請をするつもりですが、そのためには法的な身分を取得しないといけない。銀行の口座さえ開けられないし、書類を作るにも三百カナダ・ドル必要です。ケベックに五年住めば、カナダ国籍がもらえるんです。

僕はフランスもフランス人も好きですが、行政はダメ。ここでは僕にとっていい方向に進まない。もう十年間を失いました。もしまだ四、五年かかるなら、いま決断するしかないと思っている。もう十分に待たされました。僕はフランス人だったら引退を考える年齢です。そんなことを考えていたら、僕はいつまでたっても抜け出せない！」

（00年8月15日、パリにて）

貧しい人たちからの搾取

エマニュエルがフランスへ来たときの状況は少し不可解だ。彼は亡命を望んでいたのだろうか？　西側の国に対する幻想、フランスの受け入れ国という伝統が、彼を引き寄せたのだろうか？　それとも、ここへ来るための口実を探していたのだろうか？　彼が友人からダニエルの話を聞き、彼女のことを何も知らずに会いに来たのも驚きだ。いずれにしろ、彼のかかった鬱病は非常に重く、ダニエルとの関係にいまでも悪影響を与えているのは事実だ。彼自身も語っているように、結婚したいと思ったとき、ダニエルは離婚しておらず、離婚が成立したら、今度は彼のヴィザが切れていた。市長は名目上の配偶者と疑い、二人の結婚を拒否したが、もしいつか結婚できるとして、二人にまだその気持ちはあるのだろうか？　二人のたどった道のりを見ると、大変な苦労をして乗り切ってきたのがよくわかる。しかし、このような試練と、不安定な状況におかれたら、どんなカップルも生き延びられないのではないだろうか？　エマニュエルはダニエルのところに住み、彼自身も言うように、依存の生活は彼に重くのしかかっている。

仕事の面でも彼の状況は不安定だ。サン－パピエは皆そうだが、エマニュエルにも仕事をする権利がなく、闇で働かなければならない。行政もふざけている。仕事の権利を取りあげて、どうして希望を持って生きていけというのだろう？　行政がサン－パピエを非合法な状態にして、あらゆる悪弊がまかり通っている。それこそ貧しい人たちからの搾取であり、恥しらずにも程がある。搾取はあらゆる段階で見られ、守ってくれる立場の弁護士まで、彼がペンキ塗りをして得たお金、約二十万円をそっくりポケットに入れている。何の助けにもならなかったのだから、弁護士側の職業倫理が悲しいほど欠如しているのもわかる。「僕が弁護士料を払えなくなったら、彼女は書類をペンディングにしておくと言ってきました」……これは聞きようによっては、その女性弁護士が、書類をただゴミ箱に入れたということではないのだろうか？『サン－パピエたちの言葉』のなかでも、あるザイール人はこう言っている。「フランスは庇護の地だと考えていたが、ごらんなさい、弁護士にお金を払うと国へ帰るように言われる！」

ルーマニア人によるルーマニア人の搾取も、もう一つの悲惨なエピソードだ。エマニュエルの鬱病がひどくなった原因もここにあるのは間違いない。週三十五時間労働の話題でもちきりのフランスで、月に約五万円のために、誰が一日八時間も働くだろう？社会保障も、雇用の保障もない労働条件を受け入れるのは、不法に滞在する労働者以外に誰がいるだろう？おまけに、最初に解雇されるのは常に最後に雇われた移民たちだ。しかしそのおかげで、先に来た移民たちは職業の階段、つまり社会の階段をどんどんのぼっていく。エマニュエルの収入が最低賃金より安いことを考えると、毎日こんなにくたくたになって働くフランス人も、正式の書類をもらった移民もいないのは明らかだ。

滞在許可証がないということは、運転免許証もないということで、エマニュエルは十年間無免許で運転している。検問に引っかからないよう、彼は車をRERの駅に止めておき、パリ市内は走らないようにしていると、私に説明した。

その後私が、セリーヌと一緒にエマニュエルに同伴して県警へ行ったとき、これまでと同じように手続きをして、更新可能な六カ月の滞在許可証を取得した。彼がどんなにホッとしたかは、言わなくてもわかるだろう。その後、更新可能な一年の労働許可証を手にした彼は、荷物の配達の仕事をしたあと、もう一人のルーマニア人と一緒に、アラブ人が経営するパラボラ・アンテナ設置会社で働いている。手取りの給料は七千フラン（約十四万円。そこからレストランのチケット代三百フラン＝約六千円が引かれる）、なんと以前の三倍近くで、これも正式な書類が全てを変えることを物語るいい例だ。しかし、エマニュエルの鬱病の根は深く、精神的に立ち直るのにまだまだ苦労している。彼は自分の意志で抗鬱剤をやめたのだが、同居人のダニエルに言わせると、慢性の鬱病になっているそうだ。滞在許可証をもらえたおかげで、エマニュエルは十年ぶりにルーマニアに十日間帰り、病気の父を見舞ってきた。ルーマニアでは四十度の猛暑と、おまけに洪水で移動がままならず、彼は疲れはて、痩せこけて帰ってきた。

杜聖教《デュシエンジアオ》の場合

次は温州出身の中国人、杜聖教の証言。フランス語を話せない彼の話を聞いてくれたのは、「第三集団」のメンバー、ポール・ジョバン、中国語の証言をフランス語に翻訳してくれたのはポールと、彭仁郁《ペンジェンユ》である。ポールと杜は00年6月、サン゠メリー教会で行われたサン゠パピエの会で親しくなった。「僕らが親しくなったのは、同じ年齢で、二人ともカトリックだったこともあるけれど、一番大きいのは、僕は精神的にも物質的にも恵まれているのに、彼と同じような疎外感を感じていたことだね。おまけに杜は、気落ちするところがゼロ！　僕が博士論文を書き終えるのに気が滅入っていたとき、元気を与えてくれたのは彼だった」とポール。杜は亡命の理由を、中国に家族は誰もいないからだと説明した。実の母が他の兄弟を連れて家を出たとき、彼が捨てられたように思ったのは間違いない。

「30年代に、中国人の16歳の若者が一旗あげるためにパリへ来た。三十年後、彼を頼って弟が来て、十年後、この弟の妻が、夫とフランスで暮らすためにヴィザを取ってやってきた。この弟の妻が、僕の父方のおばです。僕が生まれたのは68年で、狂気の文化大革命の真っ最中、悪い時代だった。僕が生まれて四カ月後に、父は浙江省の南の過疎の村で暗殺された。父が死んだ後、もともと息子の結婚を快く思っていなかった祖母は、僕の母に対する憎しみを表立ってあらわすようになった。母は耐えられずに、三人の兄弟を連れて家を出た。僕は一人祖母のところに残されて、先祖の位牌を守ることになった。ぼくはまだ7歳でした。三年後、祖母が左足を折って、体が不自由になった。僕は10歳で、祖母の面倒を見ることになった。祖母は性格が悪かったせいで、僕は両親の愛情を知らずに大きくなった。祖母が死ぬ91年まで、僕の生活はそうだった。幸いにもその間ずっと、おばがフランスから僅かなお金を送ってくれたので助かっていた。

　祖母が死んだとき、おばに会いにフランスへ行こうと決心した。これが僕がフランスへ来た理由です。僕は新しい人生が始まり、過去の不幸や苦しみは全て中国に置いてきたと思っていた。まさかそこで本当の不幸が始まるとは、夢にも思っていなかった。まず、おじが僕を背負い込むのを嫌がった。僕はおじにしつこく頼みこんだけど、彼の考えを変えることはできなかった。僕は他へ行かなければならなくなった。不法滞在者は皆そうだけど、僕も月に三千から四千フラン（約六万から八万円）稼ぐのに、一日十六時間働いた。不法に仕事をしていたので、警察にもつかまった。十発も平手打ちをくわされた。僕の身分はまだ正式ではなかったので、何をしても、一番下の人間に扱われた。料理人にはなれたけど、正式な書類がなかったので、普通のレストランへは行けない。みすぼらしいスナック店をちょっと手伝うぐらいです。それも、警察に会わないよう、毎朝五時に起きなければいけない。店は十時に開いて、閉店まで厨房にいる。この苦労を口に出すこともできない。正式な書類がないから、もらえるのは月に三千フラン。生き延びるために、こういう屈辱も受け入れなければならない。不法滞在者は皆僕と同じです。96年に、フランス政府はサン－パピエに正式な身分を与え始めたけど、それも数人で、僕たちは完全に無視され、生活の条件もますます悪くなる。僕たちのように社会の下層にいる者にとって、仕事の機会は少なくなる一方だけど、最も怖いのは、町を歩くときです。つかまるんじゃないかと、いつもびくびくしている。僕はもう二度つかまった。

最初は、98年の4月で、県警へ行って初めての申請をしてきた直後だった。赤信号を無視して道路を渡ったら、つかまって、罰金を取られた。そのとき警察で、僕の申請は却下され、裁判所に呼び出されると言われたけど、僕のところにその有名な拒否通知は送られてこなかった。裁判所からの呼び出しもこなかった。僕は不服申し立てをしたけど、手元に拒否通知がないから、内務省には訴えられなかった。県警に何度も手紙を書いて、拒否通知を請求したけど、うんともすんとも言ってこない。

99年、今度はサン－パピエでつかまった。そのときも、正式な書類をきちんと申請するようにと言われて釈放された。僕は司祭に頼んで県警に一緒に行ってもらい、その有名な拒否通知をもらおうとしたけど、窓口の女性が苛立って、もう僕に送ったはずだと冷たく言った。僕たちは、拒否通知は普通、書留扱いだから、そこに証明があるはずだと主張した。彼女は声を荒らげ、この郵便は書留ではなく、普通に発送されたと言った。逆上した彼女は、僕たちにこんなことまで言った。「いまはイタリアやスペインで正式な身分を認めるようにしているから、ここでどうしようもないなら、向こうで試したら！」

外国人だと、ドアから入るにも気を遣う。申請も、低い声で静かに繰り返すだけ。僕はその通知をやっと数日後に受け取った。拒否の日付けは98年6月という説明書きが一緒についてきた。ということは、フランス政府は僕を不法滞在者として裁判所に呼び出す正当な理由はなかったということだ。完全にバカげている。僕はこの間違いを指摘して、再度申請したけど、裁判所は何も考慮してくれなかった。いずれにしろ僕は相変わらず不法滞在者だ。不法滞在者を正式な身分にするのは頭打ちで、希望を抱いてもしょうがないと言われているけど、これは政府のやり方次第だ。

こういう状況だと、生活は非常に厳しく、僕には出口がどこにもない。サン＝パピエを正式な身分にするのは、寛容と慈善の人道的な処理なのに、お役所的で面倒な手続きが多い。僕と同じ見方をしているサン＝パピエはたくさんいる。現在の時点で、申請するに足る理由があるかは関係なく、認可は役人の匙加減に委ねられている。だから、ある書類は楽に通るのに、他は却下される。さし迫った理由があっても関係ない。政治家のなかには、移民の増えすぎを抑えるために、認可を制限すべきだという人もいるけど、発展途上国がある限り移民は続く。第三世界からヨーロッパやアメリカ合衆国への移民の流出は、波のうねりのようなものだ。この波は、蛇頭団のような地下組織の仲介を通してくるものもある。移民の波を制限すると、蛇頭団を太らせるだけで、移民の生活は悲惨なままだ。移住してくるというのは、誰にとっても非常に大変なことだ。祖国を捨てた寂しさに加え、常に恐怖にさらされている。仕事でくたくたになり、受け入れ国の規則で縮みあがっている。犯罪人になる者がいるのは、失業者が多いからだ。政治家に関しては、僕たちはうまく利用されているとも言える。僕たちの問題を話題にすれば、熱い注目を集めるから、政策として使っている。政治家は僕たちを踏み台にしてバスに乗り込み、一度乗ったら、僕たちを放り出してしまう。別の見方をすると、フランスが抱える他の大きな政治問題に比べたら、不法滞在者の問題はマイナーであるために、未だに多くの人が暗闇のなかで苦しみ、天国にも、地獄にも行けずに嘆き悲しんでいる。本当に恐ろしい時代だ……」

（00年11月）

こうなるとわかっていたら、他の国を選んだ

フィルマンは32歳。コンゴ共和国出身の男性である。

「僕がフランスで最も理解できないのは、自由さだね。僕がフランスを選んだのは、愛していたのと、言葉からだけど、いまのこの状況に直面して不愉快になっている。裏切られた感じだ。フランスで得たものは多いよ。もしあのまま国にいたら、現在の自分にはなっていない。多分、乞食になっていただろうね……。人間はある程度の快適さを求めている。いまいるところにそれがなかったら、他へ行くしかないんだけど、もし僕がフランスへ来てこうなるとわかっていたら、きっと他の国を選んだだろうね。フランスで得たものは大きいんだけど、苦労も散々したね。僕はペシミストになってしまった……。僕が来たのは91年で、いまは00年だけど、その間ずっとパリ警視庁に滞在許可証を申請し続けている。僕の見方はすごく否定的だ。最初はこれほどペシミストじゃなかったんだけど、こうなってしまった。これまでの体験で、僕は不愉快になってしまった。いつになっても生活は快適にならない。

僕は68年に、海辺の町ポワント・ノワールで生まれた。家庭は非常に貧しかった。この宿命

的な病気、ポリオにかかったのは3、4歳頃だった。僕は学校へ行ったんだけど、両親は僕をまかないきれなかったので、僕はポワント・ノワールのホテルの前で物乞いをしていた。フランスへ行こうという考えが芽生えた。最初は、フランスに対する変わらぬ愛で、フランス女性と結婚できたら（これは僕の目的だった）、文化を共有したいと願っていた。でも、これまでの体験で、僕は自分が信じられなくなった。信仰心も失ったし、神様のイメージは非常にネガティヴ。でも、二、三年前はまだ信じていたんだよ。僕はカトリックで、聖書もよく読んだからね。いまは、希望とは何なのかもわからない。以前は希望があった。コンゴに来たフランス紳士が、僕のフランス行きの飛行機の切符を買ってくれたんだもの。その人はホテルのお客で、僕は乞食だった……。救いの神だった！　そういう出会いが僕にはたくさんあった。ちょうどいいときだった。97年以降のコンゴは政情が不安定で、内戦が勃発しているけど、もしこういう出会いがなかったら、僕はいまでも向こうにいて、仲間と同じように物乞いをしているよ。

フランスに着いたとき、同郷の仲間に迎え入れてもらって、難民申請をしたけど拒否された。そのとき僕は、左足に副木をしていたんだ。警視庁は18区にもあった。身体障害者の標識が見えたんで、僕はそこへ行った。親切な人が、クレテイユ市のドクターと提携して仕事をしていて、その医者が僕を診てくれることになった。そうそう、その頃、僕はポリオの他に、脊柱側彎だった。医者は僕に手術を勧めた。社会保障を申請したら、受諾されて、僕は入院して脊柱側彎の手術をしてもらうことができた。体のなかに棒を入れてもらって、僕の体調はぐっとよくなった。でも、手術が成功したからよかったものの、後で僕はモルモットにされたことがわかった。だって、その手術を受けたのは僕が第一号だったからさ。最初からわかっていたら、多分断ったね。手術をした外科医たちは、僕のケースをアメリカの学会で発表して、大成功したらしい。いまこの手術は、10歳ぐらいの子供たちに行われている。

リハビリ・センターを出たとき、滞在許可証はなかった。僕は身体障害者で、同胞のなかでも生活条件は厳しかった。でも、僕は社交的だから、支援組織へ顔を出すと、歓迎してもらえたんだ。そこでボランティアで電話交換手をしたら、組織の秘書が一年の滞在許可証を出してくれた。学生の身分で更新したら二年間になったけど、勉強を終えたらフランスを離れるという条件つきだった。だから僕は二年間、コンピュータの勉強をした。93年の8月に、実習をしたんだけど、僕は無給。他の実習生はもらっていたんだよ。僕は迷ったけど、やりなさいといわれたからやったんだ。学生の滞在許可証だったから、報酬は払えないって言われた。だから、身障者枠での仕事も頼めなかった。小遣いとしてもらっていたのは五百フラン（約一万円）だけ。パリから八十㎞のセンターに寝泊まりして、食事も洗濯もしてもらっていたけど、家族も友だちもいなかった。他の人たちがバカンスへ行っても、僕はセンターに一人残っていた……。おかげで精神的に参ってしまった。

93年の12月に、結核になって一カ月入院した。翌年の1月には、静脈炎になった。

僕が会社で実習をしていたとき、僕の先生と友情関係ができた。ミシュリンという50歳の女性で、僕の母親代わりをしてくれたんだ。僕を迎えに来て、一緒に買い物にも行ってくれた。部屋にいて退屈しないよう、テレビまで持ってきてくれた。だって僕、週末はほとんど出なかったからね。彼女はこっそりやってきて、暇な僕につき合ってくれていた。いまになって、なぜ彼女は僕のためにあんなに優しくしてくれたんだろうって考えることもある。僕はミシュリンに何もお返ししなかった。彼女はそれほど隠れてしていたんだ。彼女への感謝の意味で、娘が生まれたら、同じミシュリンという名前にするつもり。

95年にセンターを出なきゃいけなかったので、皆何とかしようとしてくれた。僕にとってはコンゴへ帰るのは問題外！　ズタズタになっている祖国に、どうして帰りたい？　そんな国に、フランス政府もなぜ僕を帰したかったのか、いまでもわからない。なぜ、僕をこれほど憎むんだろうって？　僕は滞在許可証の申請に行ったよ。僕はセンターを出たけど、住むところはなく、実習修了の証明書があるだけだった。ロシア系移民のフランス女性が、僕を泊めてくれた。僕は在庫管理の勉強をしたんだけど、荷物を運ぶ仕事は自分に合わなかった。体が不自由だからね。いまはフランス－カナダ・テレコム・グループのマーケティングで働いていて、コンピュータと電話の回線網を売っている」

この社会にはいい人もいる

「バスに乗ると、僕が頼まなくても、皆必ず席を譲ってくれる。人の優しさには、僕は本当に驚いた。この社会にはいい人もいるんだよ。ある日バスのなかで、一人の女性に、祈りの集会に一緒に行かないかと誘われた。僕は既にキリスト教徒で、神を信じることだけを願っていた。僕にとっての神は、フランスでも助けてくれる神だった。僕は毎朝、毎晩、聖書を読み、枕元に置いていたほどだったんだけど、97年から、もう信者ではなくなった。疑問だらけになってしまった。この苦しみ、この孤独、この不幸は何なんだろうって？　僕の希望は神を信じ、希望を伝えることだったのに……。

98年に、僕はコンゴへ帰った。「第三集団」のポールが飛行機の切符代を援助してくれたからなんだ。おかげで僕のルーツに帰ることができた。着いたときはショックだった。僕の生まれたところは跡形もなかった。両親がどこに住んでいるか人に聞いて、会えたんだけど、見るかげもなかったね。再会して、話をすることができたけど、あれは歴史的な再会だった。両親は、僕が結婚して、落ち着いていると思っていた。

僕の兄弟は八人、正確に言うと七人かな。僕の大好きだった弟が一人、10歳のときに病気で死んじゃったんだ。フランスだったら簡単に治ったと思うんだけどさ。一番下の妹たちは双子で、10歳。小学校の二年かな。もし僕がフランスで落ち着いていたら、妹たちのために何かできたんだろうけど……。父はまだ引退していないし、母は家にいて、文字が読めない。市場でキャッサバを売ることしかできない。二番目の妹は教師と結婚している。彼女の学歴は小学校五年生のレベル。五番目の弟は、五年間ホテルで働いていた。彼はフランスへ来たがっている。

だって、国にいても何もすることがないからさ……。

家族に母国語で、僕が滞在許可証を十年間も待っていることを話したんだけど、皆理解できない。僕は家族に月五百フラン（約一万円）送るようにしているけどね。家族のところには本当に何もないからね。僕がフランスへ来たとき、トイレは隣の家へ行っていたんだよ。貧しすぎて、家にトイレもなかったんだ」

僕のいまを考えると、胸が痛くなる

「99年に、僕は前の事務所をやめ、人道活動をしている女性たちのおかげで、現在の職場に入った。僕の潜在能力に目をつけて、顧客係の仕事を見つけてくれたんだ。だけど、二カ月後に配置替えされてしまった。僕はテレコムの期待にそわなかったんだ。僕の肌の色のせいじゃない。だって、皆僕をフランス人と思っていたからさ。それもまずいけどね。僕は商品のことをきちんと理解していないと非難された。身障者雇用の契約だったんだ。僕は苦しんで、アレキサンドルⅢ世橋から身投げしようと思ったほどだ。家へ帰っても、慰めてくれるお母さんがいなかったら、どうなる……？　僕のいまのあり方を考えると、胸が痛くなる。何とか抜け出したいという思いは、誰かとの出会いを願っていることでもあるんだ……。

僕が前へ進めたのは、ミシュリンやヴィーニュ夫人のおかげなんだ。ヴィーニュ夫人はカトリックの信者で、ソシアル・ワーカーを引退した女性（75歳）。どんなつまらないことにも力を貸して、13区の家のない人を援助している人。彼女が僕を家に受け入れてくれたんだ。人間味に溢れている、素晴らしい女性だ。夫は77歳で、元お医者さん。95年に、政府から国外に退去するようにとの通知が送られてきたときは、担当大臣に手紙を書くのを手伝ってくれた。

ユダヤ人を助けた人は美化されたものだけど、ヴィーニュ夫人の場合は逆に嫌がらせばかり受けた。なぜ僕を泊めたのかとも聞かれていたね。彼女はきちんとした方法で手紙を書いてくれた。誰かを助けたいと思ったら、嘘の手紙を書くのもいとわなかった。『国境なき医師団』の創設者で、96年にシラク政権で緊急人道活動担当大臣をしていたグザビエ・エマニュエリが、人道主義の立場から、僕に滞在の資格をくれると言ってきた。僕は呼び出しを待ったんだけど、何も来なかった。警視庁へ行って言うと、こんな担当大臣の一筆があっても、何の意味もないと言われた。僕は疲れて、へとへとになったけど、このまま永遠にヴィーニュ夫人のところにはいられなかった。息子さんの部屋を使っていたからね。唯一の解決法はコンゴへ帰ることなんだけど、それは最初から頭にない。僕はヴァンセーヌのホテルへ行き、それから14区の他のホテルへ行ったりした。ホテル代は月に三千フラン（約六万円）もした。払ってくれたのは、さっきも話したセンターの先生ミシュリンで、最後の貯金をくずしてくれたんだ。彼女はそれとは別に、月に千フラン（約二万円）僕にくれた。金持ちではなかったけど、六カ月間、僕を養ってくれたんだ。祈りの集会に行っても、彼女が僕を金銭的に援助していることは誰も、彼女の妹も、子供たちも知らなかった」

私は警視庁に何の権限もない

「集会の一人の夫人が、よく、僕のところに買った物を置いていってくれた。彼女は身障者の映画『八日目』(96年)にも連れて行ってくれたんだけど、映画館で誰に会ったと思う? エマニュエリだよ。本当に偶然なんだ。ミシュリンもいつまでも僕のホテル代を払えるわけはなかったし、映画に連れて行ってくれた人が、彼のところに行って話しなさいというので、僕は彼のところに行って、『あなたから手紙をもらって警視庁へ行ったけど、意味がないと言われた』って言った。すると彼は何て言ったと思う? 『ムッシュー、私には警視庁に何の権限もないんです』。

遂に僕は帰る決心をした。そして片道の、パリ―ブラザビル間の切符だけ買った。あれは96年の4月で、コンゴが崩壊し始める前だった。僕は希望を失い、悲嘆に暮れてホテルにいた。もう何も期待していなかった……。ある日、僕が電話交換手をしていた組織へ、僕宛の郵便物が来ていないかどうか見に行ったら、4月29日の呼び出し状が来ていたんだ。ところが僕の出発日は28日! 飛行機の日にちを変更したら、50%の手数料を取られるけど、そんなことを言ってられない。僕は28日をキャンセルして、6月5日にしてもらった。で、29日にパリ警視庁へ行って、僕は三カ月の滞在許可証をもらったんだ。その後、人道的立場から、一年の仕事もできる許可証を発行してくれた。

さっそく僕は14区で、部屋を探していると広告を出した。そしたら、ローランというジャーナリストから電話がかかってきて、僕のことを知らず、会ったこともないのに、『部屋の鍵をホテルに置いてきたから、中に入って落ち着いていて下さい。会うのはその後で！』と言ってきた。でも、その申し出は受けられなかった。だって、そこの階段には手すりがなかったからさ。その頃は、ポールがミシュリンとバトンタッチしてホテル代を払ってくれていた。彼が、特別な人用の公共タイプのホテルに部屋を見つけてくれたんだ。僕は車椅子を滅多に使わない。自分で降ろせないからさ。

二カ月後に、僕はパリを離れて、リヨンへ行くつもりだ。いまの僕はとても気に入った仕事をしているし、コンピュータの回線網を売って、うまく回っている。でも、パリにいると戦場のようで、精神的にも苦しめられた。職場では、今度の契約更新で期限を決めない提示をされたけど、僕はのまなかった。この町から離れて、他で自分をたて直したいんだ。失望させられることがあまりに多すぎた。幸いにも、これまで僕を金銭的に支え、家賃や保証金を払ってくれる人たちがいた。オード・ルソー、ミシュリン、ヴィーニュ夫人、ポール・ジョバン……、その人たちのことは、僕は決して忘れない……。

僕の一番の友だちはヴァンサン。僕たちはお互いに必要としている。彼は30歳で、ヘッド・ハンターなんだけど、つい最近、首になった。彼はとても落ち込んでいた。両親は彼に結婚してほしいんだけど、相手がいないんだ。彼は貴族の出なんだ。リムーザン地方にある、彼の家族の別荘にも一緒に行ったよ。おじいちゃんの部屋を一緒に使った。彼は庭いじりをして、僕は料理係、お金は割り勘だった。僕たち、仲がよかったよ。98年には、トルコにも彼と一緒に行った。彼は、僕が声をかけなくてもあらわれる。イギリスからも電話をかけてくる。いつもそばにいる感じだ……。ヴェロニックも一度、『フィルマン、私たちと一緒にサン＝マロへ行かない？』と言ってくれた。皆親切な友だちだ」

許可証を持つのになぜこんなに時間が？

「滞在許可証をもらうには、フランス女性と結婚するしかないね。仕事をしていることはもちろんだけど、フランス人と一緒に生活することが、同化の条件だね。僕は、アフリカ人の社会に閉じこもって満足するタイプじゃない。どこへ行っても友だちを作れる。友だちにはフランス人も、セネガル人もいるよ。僕は32歳になったけど、まだ結婚していない。ある女性と生活したいと思ったんだけど、向こうから返事がなかった。僕は彼女に愛を告白したんだけど、彼女は修道院に入ってしまった。それもショックで、僕は苦しんだ。

僕の希望は、ここで女性を見つけて、文化を共有することだった。僕にだって、与えるものはあるからさ……。国に帰って女性を見つけることもできたんだけどね。父は首長だからだけど、僕の部族ではそういうことは行われていない。お見合い結婚が行われているのは、西アフリカのほうだね。

フランス社会を見ると、目標を全部失っているようで、残念だね。皆幸せになるためのものは全て持っているのに、コミュニケーションがなくて、すぐに離婚する。この社会は価値観を失っている、皆自由だけどね……。社会が人間をダメにしたんだ。

もし僕が、フランスをこれほど好きじゃなくて、他の国、カナダとか、スイスを選んでいたら、ちゃんとなるのに十年も待たなかったと思う。なぜ、滞在許可証を持つのにこんなに時間がかかるんだろう？

僕は自分の書類を見る気になれない。泣いてしまうからさ。でも、いい人たちもたくさんいる。例えば、隣の16歳の女の子は、犬を散歩させるときに僕の犬も一緒に連れて行って、走らせてくれる。僕だと走らせられないのがわかっているからさ。友情は自然に生まれる……。僕はもう、自分の希望が何なのか……わからない」

（00年9月2日、パリにて）

最新のニュースでは、フィルマンは予定通りパリを離れてリヨンへ行った。そこで国籍をもらえそうだとの連絡が入り、更に二つの保険会社から、月一万から一万一千フラン（約二十万から二十二万円）の給料で正規の社員に採用したいとの申し出があったのに、今度はルクセンブルクに行く決心をしているそうだ。これまでフィルマンのために色々と世話をしてきたポールは、「全てのサン‐パピエにとって、国籍取得や、条件のいい仕事は夢の夢なのに、それをけってルクセンブルクに行くのはなぜだろう？」と首をかしげている。

向こうには仕事がない

93年、24歳でフランスに来たジャミラは、九人兄弟の三番目。移民一世の大部分がそうであるように、ジャミラもアルジェリアの北東部のカビリア地方、もっと正確に言うと、海辺の観光地ベンジャイア出身である。現地の言葉はベルベル語に近く、この地方がアラブ化したのは独立以降だから、わりと最近のことと言える。そのカビリア地方は01年5月、大きなデモの舞台になり、百人もの死者を出した。カビリア語をアラブ語に並ぶ公式語（タマジェット語）に認めてほしいというデモで、この要求は02年3月に認定された。

「私が初めてフランスへ来たのは、24歳のときだった。こんなに長くいるとは考えてもいなかったわ。二、三カ月いるつもりだったんだけど、すっかり気に入っちゃって、ここに残って仕事をしようと思ったの。チャンスを試してみよう、ここに残って落ち着いてみようって。一方で、両親を助けたい気持ちもあった。家族が多いので、大変なの。向こうでは仕事がないから。最初、私は従兄弟と一緒に来て、彼のところにいたの。フランス人は皆とても親切で、これじゃ生活も楽そうだと思ったんだけど、全く反対だったわ。一年半たっても仕事がなかった。遠くの従姉妹を通してやっと見つけた仕事が、一日数時間の家政婦。その人たちから他の人を紹介してもらっていたんだけど、いまは仕事を断っている状態。

私は、五年半もサン－パピエだった。観光ヴィザで入ったので、一カ月後には切れちゃったのね。そのときの私は、そんなにたくさん人を知らなかったので、自分の状況をどうしたらいいのかわからなかった……。

私が家政婦をしていたところの奥さんが、セリーヌ・デュモンの話をしてくれたの。彼女はサン゠パピエを支援しているカトリック・グループのメンバーだった。98年5月にシュヴェーヌマン法が通過したので、私たちは人権組織の人と一緒に身上書を作ったの。私は、正式な書類が取れるかどうかで、自分のチャンスを試したいと思った。私は結婚していないし、子供もいなかったから、基準に入らないかもしれないけど……。セリーヌが、私を市役所に推薦してくれたの。私の保証人になってくれて、それで私は、毎年更新できる一年の滞在許可証をもらえたの。三年たつと、十年間の許可証がもらえる。でも、それがもらえるまで、家族に会えなくてとても辛かったわ。父が死んだときも帰れなかった。母は私に、正式な書類をもらうためにはフランスにいた方がいいから、帰らなくていいと言ってくれた。去年（99年）、五年半ぶりに初めて帰ったの。そのときは許可証があったから、うまくいったわ。

私は人種差別で悩んだことなんかなかったわ。私が働いているところの人たちは、ピエ゠ノワール、独立以前のアルジェリアに生まれて育ったフランス人だったの。だから、私を信頼して受け入れてくれたのね。皆とても優しくて、親切で、私を本当の娘のように思ってくれた。私を推薦してくれたセリーヌはイタリア系の女性で、生まれたのはチュニジア。私に、どこまでもついていってあげるって言ってくれたの。アパートを見つけたときも、保証人になってくれた。本当に心の広い人で、私は何も困らなかった。私が出会ったのは親切な人ばっかり。でも、私は真面目に働いているからよ」

ここでの生活費も高い

「フランスにはできるだけ長くいたい。でも、勉強できなかったことを後悔しているわ。せめて大学入学資格までは取りたかった。できれば夜間コースを取って、研修して、試験を受けたいな。家政婦は辛い……。急場しのぎにはいいけれど、一生の仕事じゃないわ。移動するのは私で、二時間ここでしたら、二時間はあっち。週に四十時間は十分働いている。土、日も働くし、夜もベビーシッターをしている。子供たちを保育園に迎えに行って、夜も面倒を見ることが多いの。子供たちの親は若い夫婦で、私にはとても親切。帰りが遅いと、いつも車で私を家まで送ってくれるの。アルジェリアでは一人でタクシーに乗ったことはないわ。そんなに危険なのは知らないけど、よく話は聞くわね。

家政婦の時給は普通、三十五から四十フラン（約七百から八百円）だけど、皆私には五十五フラン（約千百円）くれる。ベビーシッターの時給は三十五フランから四十フラン。

私は家族を援助していて、お金を送ることもあるけど、定期的ではないの。よく弟たちは私に、これがほしい、あれがほしいって言ってくるけど、ちっともわかってくれない。ここの生活費も高いのよって言うんだけど……。家賃と光熱費と税金を払ったら、すっからかんになることもある。

昔働いていたところのご主人たちが、ロンドンへ引っ越すことになって、私に一緒に来ないかって言われたことがあるの。英語学校のお金も払ってくれるって。でも、向こうに知っている人がいないから、私は残ったの。本当に、いい人ばかりにめぐり会う。困ったことが一度もないの。その人たちはまだ手紙で、私にロンドンへ来ないかって言ってくれるのよ、行く決心がつけばいいいんだけど。

ホームシックになるかですか？　できれば家族のそばにいたいな。ここにいるとやっぱり少し寂しいわね。従兄弟はいるけど、家族とは違うでしょ？　毎週、アルジェリアに電話するの。お給料の半分は電話代、それで気持ちが楽になるの」


勇気はあったけど、震えていたわ！


「正式な書類をもらって、郵便箱に私の名前が書けたとき、どんなにホッとしたか、あなたにわかってほしいわ。郵便箱の名前を見るたびに、『やった、遂に私は存在する！』って思うの。その前は、私はフランスに存在していなかった。友だち以外は誰も私を知らなかった。いまは住所があるのよ！　請求書を受け取ると、私は存在するって思うの。

95年のことだけど、正式な書類の一斉検査が行われたの。私も外出しちゃいけないって言われたんだけど、いつも地下鉄に乗っていた。一日中家のなかに閉じこもっているなんてできなかったわ。だって、生活するために働かなきゃいけないでしょう？　外出する勇気はあったけど、震えていた。警官の前を通るときは、誓ってもいい、震えていた。いつも怖いんだけど、それを表に出さないの。私は一度も書類を見せろと言われなかったけど、危険な地区には行かないようにしていたし、夜は絶対に外出しなかった。仕事と家の往復だけだったけど、将来が見えなくて真っ暗になったときもあったわ。泣きながら寝て、泣きながら起きていた。荷造りして帰ろうと思ったこともあった。絶望的になったときもあったわ。そんなときは、私はお金も家族もないけど、神様のおかげで何とかなる……と思っていた。

偽装結婚をしたらとか、子供を作ったら、と言われたこともある。そんなことはお断りよ！　自分の人生を弄ぶなんて嫌だし、何とか頑張ったわ。偽装結婚をするには、三万から五万フランかかるの。一年の滞在許可証を手に入れるのに、不法な方法もいっぱいあるけど、それもやっぱりお金。許可証が売買されているの。でも、いずれにしろ私にはお金がなかったから……。

従兄弟の男友だちが、私を助けるために、タダで偽装結婚をしてくれるって言ったの。彼はとても親切で、自分の両親にも黙っているって言ってくれた。本当に、そのために必要な書類を全部書いてくれるつもりだった。彼のところに住んでもいいとまで言ってくれたの。私は、もう少し待ってみたいと返事したの。彼はＨＩＶ感染者で、二年前に発症して、25歳で死んだわ。彼は絶望的になっていて、二回も自殺未遂をしたの。ＴＧＶの客室係をしていて、ホモセクシャルだったの。彼の死はいまでも忘れられない。だって、彼が最後に私に話したのが、偽装結婚をしてくれるっていうことだったから」

兄の弁護士が警察に密告した

「私も絶望的なときがあったわ。お金もなかったし、家族も友だちもいなかったけど、正式な書類を手にしたとたんに扉が開かれたの。兄の一人は、私より先にフランスに来て、四年間サン-パピエでいたの。兄も私のように申請したんだけど、弁護士が警察とグルで、兄は追放されてしまった。兄は、正式な書類をもらいたいなら、お金と書類とパスポートを持って警視庁に来るように言われたの。罠にはまったの。友だちも一緒にね。従兄弟はその弁護士に会って、兄が払った謝礼の四万フラン（約八万円）を返すように要求したの。返さないと告訴するって脅したの。弁護士は怖くなって、お金を返したわ。警察に密告されるのなら、弁護士を雇っても何の意味もない。弁護士なら、『第三集団』のような組織でも、私たちの住所や電話番号を教えるよう強制できるんじゃないかと思って、怖かった。

ジョスパンは何人かのサン-パピエを正式な身分にしたけど、政府は他の人たち全員の住所を持っているのよ。それなのに国に帰るしかないのよ。大臣は私の申請を拒否したけど、警視庁が更新可能な一年間の滞在許可証をくれたの」

男性より女性の方が簡単

「私は、97年にボビニであったサン－パピエのデモ行進に参加したの。正式な書類をもらったのは99年。デモには、八年通っているマグレブの女性が一人いたわ。彼女は不服申し立てを三回したんだけど、投獄されてしまった。組織の誰かが彼女の世話をしていた。その人は何でもしてくれるの。

組織の女性の一人は、サン－パピエのアパート探しを手伝っているの。身上書の面倒も見て、警視庁へも一緒に行ってくれる。その女性は結局、組織で働くようになって、いまは人権問題の仕事をしている。彼女は私につきそって警視庁へ行ってくれて、一年の滞在許可証がもらえたとき、私を抱きしめてくれた。涙まで流してくれたの。二人で泣いたの。彼女はとても喜んでくれて、私に言ったわ。『遂に、ここまで来れたわね！』って。約二年間、私たちは毎週水曜日に警視庁へ行ったの。そこで、三、四時間は平気で待たされたわ。

私たちと一緒に警視庁へ行ってくれる同伴者は、正式な書類が拒否されたら、そこで不服申し立ての仕方を説明してくれたの。だから平気で夜中になったわ。皆それぞれのケースで話し合ったの。組織の人は皆ボランティア。私たちに手紙の書き方も教えてくれる。私は週に一回組織へ行って、身上書を完全なものにしたの。そうすると、政府にプレッシャーをかけやすくなるの。ケース・バイ・ケースで処理するから……。

政府は、九年か十年フランスにいるサン‐パピエから正式な身分にすることを始めている。その次が結婚している人たちで、それから子供たち。もう頑張ってもしょうがないというケースもあったわ。それに、男性より女性の方が楽なのも知っている。だって、女性はうるさくないから、よく見られるの。男性だとつい麻薬とか、暴力とか想像しちゃうでしょ。

私が働いているところの奥さんから聞いた話だけど、18歳のアルジェリアの男性が、フランスにいた証拠を十二個持ってくるように言われたんですって。彼は手紙と書類と、仕事の証明書と、パスポートを持っていったんだけど、それでも十分じゃなかったの。彼はサンドイッチ屋さんで働いて、一日百フラン（約二千円）しかもらっていない。完全に食いものにされている。屋根裏部屋の部屋代にしかならない……。彼はマルセイユのお兄さんのところに行ってしまった。最初、彼は学生だったけど、五年後にはもう学生証がなかったの」

女性は変わった

「ああ、私に理想の男性があらわれないかしら！　現在はアルジェリアでも、夫婦の三組に一組が離婚しているの。女性も仕事をして、進歩したからよ。以前のように、家にいて、何でも受け入れていた女性とは違うの。いまの女性たちは仕事をして、自由になって、自立したいと思っている。いつも怒ってばかりいる人に我慢するより、一人の方がいいと思っている。ところが、男性はそれがなかなか受け入れられない。男性は常に女性に命令して、主人でいたいと思っている。でも女性が変わったの、もう以前のようじゃない。働いて、一人で外出する。それが男性には気に入らない。

そうね、アルジェリアの女性のほぼ半分はヴェールを被っているわ。怖いからそうしている人もいる。どこに住んでいるかによるのね。ちょっと危険な地区だと、問題を起こすよりはとヴェールをかぶるの。他の地方、例えば私が住んでいたところなんかは、好きにしていい。海では水着で泳いでいるけど、何の問題もないわ」

母は私が自慢

「母は私のことをとても喜んでいて、自慢しているの。いつも私を弟たちの見本にする。『あんたたちのお姉さんは、真面目に働いたから、いつもうまくやった。真っすぐな道を進んで、道を踏みはずさない』って言うの。私以外の家族もフランスに来ようとしているの。兄は九月の終りにまた来て、もう一度正式な書類を申請するつもりでいる。うまくいって、成功してくれるといいんだけど。

私は小さい頃、おばに預けられていたんだけど、15歳のとき、母が病気になってフランスへ治療に行かなきゃいけなくて、その間の四十日間、私は小さな弟の世話をするために家に帰ったの。弟は三カ月になったばかりで、私は15歳で七人のきょうだいの責任を持たされたの。妹は二人で、私は全員に食べさせなければいけなかった。母が帰ってきたとき、弟が大きくなったのでびっくりしてた。2、3kgは増えていたの。そりゃあ大変だった。夜は眠らせてくれないし、病気になるとまた私の責任だったから。家族も近所の人も、私が頑張り通したので驚いていたわ。父はいたけど、働いていたから、夜しか帰らなかったの。女の子は仕事がいっぱいあるから、母親を助けるのが義務。男の子は一切何もしない。お皿さえ片付けないので、女の子がやらなきゃいけない」

私は無能、なぜ学校へ行くの?

「皆の世話をするために、私は学校をやめたの……。中学三年までも行かなかった。学校なんかどうでもよく思えて、裁縫をしている方がよかった。おばは反対で、両親も反対だったけど、私が決めたの。学校が好きじゃなかったの。皆私に後悔するって言ったけど、結局、皆の言う通りだったわ。いまの私は勉強をあきらめたことをすごく後悔している。後悔し始めたのは20歳か21歳頃で、フランスに来る前だった。家政婦をしているところの奥さんは、私が頭がいいのにもったいないって言ったわ。もし私が勉強を続けていたら、もっと上へ進んで、きっと何かしていただろうって。でも、あきらめずに頑張るように言ってくれる。

学校が嫌いだったのは、宿題を見てくれる人が誰もいなかったからよ。おばはフランス語を話したけど、学校へ行っていなかったから、アラブ語が読めなかった。だから、私にとって学校の勉強はとても大変だったの。私は無能、なぜ学校へ行くの? 何の役にも立たないと思っていた。
去年、私は両親に、私をおばの家に預けたことを強く非難したの。おばはとても優しかったけど、私は家族のもとで、兄弟と一緒に育てられたかったって。両親はフランス語の学校へ行っていたから、読み書きができたの。母は本も新聞も読める。二人ともフランス語は上手に話すけど、アラブ語は読めないの、フランス語だけね。両親のような人はたくさんいるの。私は両親に、もし私を手元に置いてくれていたら、勉強も見てもらえたのにって言ったの。母は、本をくれたら私に書き取りをして、間違いを直してくれると言ったけど、いまとなっては遅すぎるって言ったわ。新しい世代になって、国は完全にアラブ化しちゃった。何もかもアラブなんだけど、両親の世代は全てがフランスだった。私は両方読めるけど、フランス語の方が強い。兄は大学入学資格は取らなかったけど、フランス語と英語が強いの。母はフランス語で兄の宿題を見てあげられたし、父は算数を助けたの。母は、いまになって息子たちにアラブ語を教えてって言っているわ。でも、母の頭はもう勉強に向いていないわね。フランス語の新聞を買って、コーランもフランス語で読んでいるわ」

フランスでラマダンをするのはとても辛い

「私の母方の祖父はモスクの聖職者だったの。一日に五回お祈りをするから、毎朝五時半に起きて、お祈りをするのに皆を起こしている。その後午後一時と、四時半、六時半、最後は九時半にお祈りをする。

私は必ずラマダンをする。やらなかったことは一度もない。始まりの日付は毎年十日ずつ延びるの。朝の六時か六時半から夜の八時まで、何も食べないのよ。フランスでラマダンをするのはとても辛いわ。決まった時間に食べられなくて、その後一人で食べるなんて。一日中働いて、夜の八時に帰ると、夕食を作る気にもならないわ。一カ月は辛いのよ。でも、最初の三日で慣れちゃう。習慣になるの。アルジェリアにいたときは、家族全員で夕食をしたわ。お祈りを待って断食をやめたんだけど、一人だとそれさえ懐かしいわ。ここだと本当に私は一人ぼっち……。生理のときは断食をしなくていいんだけど、ラマダンの後、その分五、六日返さなきゃいけないの。一年以内でいいんだけど、私は引き続きの方がいい。体が慣れているから、その方が楽なの。

ラマダンの二十七日目に、モスクへ行くの。その日はコーランの日で、行かないといけないの。皆で一晩中、夜明けまでクスクスを作って、それを貧しい人たちにあげるの。貧しい人たちのためにクスクスを作るのが習慣だったから、ラマダンの三日前も、私もここで作って、以前住んでいたモントルイユ市のアフリカ人センターへ持っていったわ。今年はどこへ持っていこうかしら？　近いから、またモントルイユ市へ持っていくかもしれない。これは、私が毎年行っている寄付のようなものなの。必要としている人たちに届ける。亡くなった人たちのためだと言われているから、父のためにしているの。

ラマダンの間は、煙草もダメだし、飲むことも、食べることも、化粧もしちゃいけない。セックスは断食が終ったあと許されているけど、翌朝にシャワーを浴びるという条件つき。

神様が助けてくれるから、食べられなくても何ともない。食べ物の匂いをかいでも平気よ。病気だと断食はしなくていいけれど、その後返さなきゃいけない。病気でラマダンができない人は、貧しい人たちに自分が食べるのと同じくらいのお金、一食に二十から三十フラン（約四百円から六百円）を寄付するの。妊婦もラマダンをしなきゃいけなくて、しなくていいのは出産のときだけ。それも一年以内に返さなきゃいけない。

いずれにしろ、フランスでラマダンをするイスラム教徒は少ないわね。若者はもうしない。信者じゃないからだけど、私の知っている若い女性は皆しているわ。私の家族は皆する。ただ、一番上の兄はどうかわからない。煙草が吸えないと兄は困るから。お酒はラマダンの四十日前に禁止、血液のなかに残ってちゃいけないからよ。普通、お酒は宗教によって禁止されているけど、飲んでいる人もいるの。私は結婚するならお酒を飲まない人がいいわ。煙草を吸うのはいいけど、お酒を飲まれると困る。だって私は、お祈りをして、ラマダンをするから。

朝、私は出かける前にお祈りをして、残りの四回分は、夜に帰ってから一度にする。十分か二十分ぐらいかかるわ。私はそれほど真面目な信者じゃないの。ヴェールをしていない！　アルジェリアでもヴェールをしなかったし、私の家族は誰もしていない。普通は海も禁止されているんだけど、行くし！　その意味では熱心な信者じゃないわね。最低限のことをするの。半分もしていないけど」

結婚まで処女を守りたい

「子供は最低三人ほしいわ。イスラム教では建て前上、避妊は許されていないの。だから、皆大家族なのよ。結婚した女性だけがピルを許されている。若い女性は、結婚まで処女でいるのはもう嫌で、若さを満喫したい。昔のように処女性にはこだわっていない。皆イスラム教もいずれ変わっていくと思っている。でも私は、結婚まで処女でいたいわ。ここでは好きなことができるけど、私は頭のなかで、結婚までは処女でいると決めたの。それでいいという男性を見つけたいわ。処女性をあまり気にしない女の子もいるけど、私は何とか守りたい。

私は31歳。アルジェリアでも結婚するには遅い年齢ね。子供を産みたければ、そろそろ結婚しなきゃいけないと思うけど、35歳になっても独身の人はいる。アルジェリアでは、16、17歳の女の子を平気で結婚させる。私の両親は違うの。あんまり若いうちに結婚するのは賛成じゃない。妹は27歳で、もう娘が二人いる。妹は20歳頃に結婚したの。彼女がそうしたくて自分で決めて、両親も反対しなかったんだけど、私は結婚したくなかった。申し込みも多かったけど、断ったの。そんなに早く結婚したくなかった。何の意味もないと思っていた。フランスへ来て、生活するようになったのは、偶然だったとはいえ、私の運命だった。向こうで結婚しなくて本当によかったと思うわ。だって、その後は退屈な日々、子供と夫と義理の家族で……問題ばっかりよ。結婚していなくてよかったと思う。

いま私の国ではほとんどが恋愛結婚。女性が夫を選ぶの。女の子の外出が禁止されている村とか、お父さんが厳しい家庭は別だけど。そういう村ではいまでも、仲人のような人がお見合い結婚を決めるか、親同士が知り合いという結婚ね。でも、私のように町に住んでいると、全然違う。女の子も男の子とデートするし、もう昔のようじゃない。これが近代化よ！　人に見られても平気なの。以前は、女の子は隠れてデートしたものだけど。去年、アルジェリアへ帰ったとき、モラルがすっかり変わっていて、フランスじゃないかと思ったほど。昔私がいたときとは、生活が全然違っていた。急激な変化ね。15、17歳の女の子が男の子とつき合い始めている。パラボラ・アンテナでフランスのテレビ番組が見られるから、ヨーロッパの女の子と同じ、ちょっと進みすぎている、母親たちも反対しないし」

母とは常にいい関係

「私は母とは常に友だち関係なの。私のしていることは必ず話すし、出かけるのも一緒で、母は色々なアドバイスもしてくれたわ。母とはいつもいい関係なの。私は細かいことも全部話す。私はその方がいいの。母は私より経験を積んでいるし、私より人生を知っている。母のアドバイスはいいときも、そうでないときもあるけど、私は聞くようにしているの。

私が正式な書類をもらった日、私を色々と助けてくれたセリーヌは仕事の日だったの。じゃなきゃ、私と一緒に来てくれた。彼女は大学の教師で、毎週木曜と金曜はオルレアン大学で教える日なの。私が呼ばれた日、彼女は仕事だったのでがっかりしていたわ。一緒に行きたがっていたから……。でも皆大喜びだったわ。私は正式な書類がもらえるって思っていなかった。人生は色々な段階の積み重ねで、こういうふうに急転回するなんて信じられない。神様と、私を援助してくれた全ての人に感謝するわ。警視庁を出て最初にしたことは、母への電話。母は電話口で泣いていたわ。私が母に『いまママに何をしてほしいかわかる？　ユーユーを歌ってもらうことよ（アラブやアフリカの女性たちが、喜びや苦しみをあらわすとき、抑揚をつけて長い間歌うように叫ぶこと。葬式や結婚式につきもの）』と言ったら、母は泣きながらユーユーを歌ってくれた。母も私も泣いていた。最高だった。こういう感動は、忘れられない。近所の人は、家で結婚式をしているとでも思ったんじゃないかしら？　母は皆にニュースを知らせたの。とても喜んでくれたわ……」

（00年9月3日、パリのカフェ、サン・ジャックで）

同化の「成功」例

多くのサン－パピエのように、ジャミラは観光ヴィザでフランスへ来た。留まる決心をしたのは、フランスが気に入ったからだ。彼女はここなら女性が解放されて自立できるから、生計も立てられ、家族に送金できると考えていた。彼女にとって重要なことは、解放されること。カビリア地方は非常に貧しく、アルジェリア政府からも距離をおいていたからだ。

彼女の証言は、一言一言がとても慎み深い。自分で選んだ受け入れ国に反対する言葉は一つもなく、「私は五年半サン-パピエだった」と、事実を淡々と話すだけで、その裏には非難のかけらもない。会話の途中で、僅かに出てくる「一年半たっても仕事がなかった」というため息は、口コミで広がる人脈作りの難しさをあらわしている。

フランス人は疑い深いが、いったん気づまりが解消すると、完全に信頼するのもわかる。家政婦に鍵を預けて家に一人でいてもらい、外出するほどまでになるのだ。

いまの自分に満足しているジャミラは、その勇気と仕事ぶり、ポジティヴな考え方、運命を受け入れることによって、同化に成功した例である。それでも彼女は、大半のフランス人よりは多く働いている。土、日も入れて週四十時間、しかもたえず移動している。受け身でもなく、辛さに負けない彼女は、現実に即して行動している。見つけた仕事をし、雇用主に好かれて、尊重され、保証人をみつけ、「娘のように」かわいがられている。

首都の幻惑の犠牲にならなかったように見えるのは、彼女自身も語っているように、女性に対する「好ましい先入観」のおかげもあるだろう。反対に兄の方は、「好ましくない先入観」の犠牲になったように見える。

00年の9月、ジャミラは家に友人たちを招いてクスクスを作り、兄の二度目のフランス入国を祝っている。一度追放されたジャミラの兄が、懲りずにまたフランスに来ることを決意した事実は、アルジェリアで仕事を見つけるのがどんなに難しいかを雄弁に物語っている。しかしフランスでの失業率を見ても、アルジェリア人が最高だ（92年で30％。この数字はフランス人の三倍）。ジャミラがいみじくも言っているように、「向こうでは、仕事がない」のだ。

ジャミラが同化に成功した秘密は、その力と勇気、曲がったことが嫌いな性格にある。家族のいない国で、彼女はたった一人、困難や危険にもめげず頑張っている。五年半もの間、いつかはアルジェリアへ返される可能性があることもわかっていたのに。

そして、彼女の性格の強さ。95年に正式な書類の検問があったとき、彼女はそれでも仕事に行くのに地下鉄に乗っていた。普通の人間なら誰しもそうだが、彼女もときどきホームシックにかられ、電話の助けを借りて気分を晴らしている。

また、フランスでラマダンをするのはとても辛いと言いつつも、一度も怠ったことがなく、生理のときの断食にも細かな気を配っている。ラマダンをするときの周りの環境は、アラブの国にいるのとわけが違う。アラブでは皆で支えあい、国中が断食のゆったりしたリズムになるからだ。彼女はまた、一日に五回お祈りをするだけでなく、欧米では時代遅れに見える処女性にもこだわっている。ついでに言うと、処女性うんぬんの話は、口にするのが大変なだけに、よけいに心を打つものがある。

彼女の運命論者的なところも見のがせない。提示されたものを受け入れ、それで満足している。週に四十時間、人から「軽い」と見なされる仕事をして手にするのは約四万円。これでは、両親に定期的に送金したり、パリの生活費を知らずに色々なものを要求する弟たちにこたえられないのはよくわかる。パリでは、彼女が言うように「家賃と光熱費と税金を払ったら、すっからかん」なのだ。

彼女はもちろん、全て合法的にして、偽装結婚のような違法なことはしていない。書類を「買って」、手続きを無視することも望まなかった。それでも、HIVに感染したフランス人の男友だちから、無料で偽装結婚をしてもいいと言われたエピソードは感動的で、雇用主からロンドンへ一緒に来て、英語も学ぶように勧められた話も美しい。しかし、ジャミラの冒険心にも限界がある。実際、彼女の判断は正しかったかもしれない。もしロンドンへ行っていたら、滞在許可証に必要な勤続年数が足りなくなっただろう。滞在許可証を手にしたとき、一緒に行ってくれた女性と抱き合って大泣きした話、それから、母親が電話でユーユーを歌った話も、強烈なエピソードだ。

ジャミラの解放

ジャミラはどちらかというと従順で、世話好きなところがあるのもわかる。母親が病気の治療でフランスへ行ったとき、頼まれて母親代わりを引き受けているからだ。15歳で、三カ月の赤ん坊も含めた七人のきょうだいの面倒を見るのは、そうたやすいことではない。アルジェリアの教育に見られる性差別は、次のような小さな指摘からもうかがえる。「男の子は一切何もしない」のに、「女の子は仕事がいっぱいあるから、母親を助けるのが義務」。「義務」という言葉には、突然、手に負えない重荷を背負わされた哀れな少女の気持ちが込められているのだろうか？　それとも、アルジェリアの家庭では、女の子は全て、大きくなったら母親を助けるのが義務ということなのだろうか？

彼女はまた、現在の仕事は家でしていたことと同じで、お金をもらっている点だけが違うと知りつつ、救われているのは、結婚していないせいなのもわかっている。一人でタクシーに乗ったことがないという彼女、現在住んでいるのは11区で、パリでもとても安全とはいえない地区である。これまでどういう生き方をしてきたのかもある程度うかがいしれるだろう。

彼女のアキレス腱はやはり学歴だ。中学の卒業証書もなければ、それ以上の高望みは難しい。例えばブティックの売り子のような職業だろうが、それも同じポストにフランス人が応募していない場合にかぎられる。雇用の際の面接で、ジャミラという名前はマルティヌより不利だからだ。そう思うと彼女は、抜け出すのが難しい歯車に巻き込まれているようだ。夜間学校に通うのはいいが、週四十時間働いて、どうやってそのエネルギーと体力を見つけられるのだろう？

マグレブの女性とサン－パピエ

前述の本『サン－パピエたちの言葉』のなかで、著者のグーソーは、ジャミラと同年齢で同じ状況にいるモロッコ人の若い女性の証言を引用している。「私は自分の国の独裁政権には我慢できない……モロッコでの女性の扱い方には許せないものがある。私はもうモロッコには戻らないわ。私の生活はここ。いまの自由を失いたくない。私は自立して、好きなように生き、好きな服装をして、好きな人とつき合っている……。私は後戻りできない」と言った後、「私はフランス人の男性と同棲しているの」と、秘密を告白している。

彼女の友人で、アルジェリア女性のマリカも、自分の国の男性について「アラブの男性はいつまでたってもアラブの男性よ！」と、きつい言葉を放ったあと、次のように語る。「二日前、私は30歳になって、泣いてしまった。水に流れてしまった私の夢、病人のように働くだけの日々、夫も、子供もいない自分に……私は泣いた。自分の人生のあまりの寂しさに、私は叫び声をあげたい衝動にかられた」二人の女性はそれぞれ、若者や老人の世話をし、家事をして、フランス人がしたがらない仕事をしている。

ジャミラは自分で自制して、彼女たちと同じような見方をしないようにしているが、無意識とはいえ、似たような感情を抱いているのは、私たちの目から見ると明らかだ。

共同体の考えは解決にならない

さて最後は、女性ジャーナリストの言葉で締め括ろう。ヴェロニックは35歳。結婚して、二人の子供がいる。アルジェリアのカビリア地方出身の父と、フランス人の母を持ち、二つの文化で育った彼女は、意見を述べるのに二重の意味で適任だ。どこから見ても楽天家の彼女は、

「ロード・ローラー（ローラー重機で舗装道路を平らにするように、異分子を混ぜあわせる）」が実際に機能することを固く信じ、彼女自身がその例になっていると自負している。ロード・ローラーは、ゆっくりだが、確実に効を奏し、立派に立ち直った移民の例は枚挙にいとまがないそうだ。彼女に言わせると、「泣き言」には耳をふさぎ、フランス共和国の条件を受け入れるようにしないと救済の道はない。彼女の話は活気と希望に満ちている。

「こういうことを言う人がいるの。結局、解決法はなく、民族を分けるしかないってね。同化は不可能ということよ。それが、そういう人たちの結論。フランスで生活する移民のためには、その民族独自の体制を作るしかないという考え。学校も、企業もその共同体のものっていうのは、イギリスやアメリカ合衆国の現状に少し近いわね。つまり、完全に共同体のロジックを押しつけることよ。でも、フランスはそれだけはしちゃダメなのよ！

それをしたら、フランスのお金と、フランス人の税金を利用して、自分たちの共同体を別に作るということにならない？　誰が、どうやって機能させるの？　そんな閉鎖経済で？　共同体の人間だけで仕事をするの？　企業は共同体のお客だけを相手にするの？　そんなのうまくいくわけがないし、何世紀にもわたるフランスの伝統にも反するわ。受け入れの伝統は、前世紀に始まったことじゃない。フランスが誇れる立派なシステムでもあるわけ。私は共同体がうまくいくとは思わないけど、やっぱり心配ね。だって、そういう見方をしているのはイスラム過激派だけじゃないでしょ？　フランスの伝統に反するだけじゃなく、危険だわ。すぐに自称リーダー、それも誰に選ばれたか、わけのわからない人物に取り込まれるのよ。民主主義じゃなくなってしまう。議会も、代議士も、弁護士もいなくなって、何も制約がなくなるのよ。それも何の名において？　とりあえずイスラム教？　従って、別の社会を作ることになる。イスラムで、宗教色があり、他と分かれている社会。それじゃあイギリスと全く同じ、パキスタン人はパキスタン人同士、インド人はインド人同士でかたまっているなんて悲劇よ。これまで行われてきていることに反するわ。既に現実にこんなに混ざり合っているのだから、いまさら分けるなんて不可能よ。いまの現状でいいのよ！」

「SOS人種差別」は社会党に利用された

「はっきり言って、『SOS人種差別』は、実際には大きなことはしなかった。『熱い』地域に近づかないし、大筋でもはっきりしないことが多い。まず私は、彼らは社会党に完全に利用されたと思うの。『SOS人種差別』は、話は上手だし、アイデアもいいけど、本当の移民がトップになる前に、十年近く、そうじゃない人がトップだった。現在の代表のブーティはアルジェリア出身で本物だけど、その前のアーレム・デジールはアンティル諸島出身で、移民とは言わせない。アンティル諸島の人は、フランスでも一番の人種差別主義者よ！　だから、妥当性では、彼が黒人だったことを別にすれば限界があった（厳密には、母親はフランスのアルザス地方出身）。アンティル諸島の人だったから、いま話題になっている問題に、彼自身は直面したことがなかった。ブーティは、個人的にも問題を体験したから、絵空事は言わないけど、『SOS人種差別』は、読み書きを教える活動のネットワークがとてもお粗末。若者を対象にした法律相談にもほとんど顔を出さない。若者たちにフランス国籍を取得する方法を説明したり、日々の問題の相談に乗ってあげなければいけないのに」

皆上に立ちたがる

「移民の間には、全体の利益のために働くという、非常にフランス的な考え方があまりないのね。私は、それを学ばなければいけないと思う。これこそ本当に、移民たちがフランスから学ぶべきことね。他人の利益のために私心をなくして働く、これはマグレブ出身の人たちの哲学にはあまりない。一般に彼らは、まず自分たちのため、トップになるために働く。皆トップになりたがって、スポークスマンになって、マスコミに問題を話したがるけど、現場での活動となるとね……。

姉はベルベル人の組織でボランティアをしていたの。中学で公民教育もやってみた。子供たちにはとても役に立っていたのよ。姉も、土曜日の窓口には、相談にのるボランティアが少なかったって言っていたわ。フランス語を一言も話せないおばさんたちが来るから、弁護士として相談に乗ってあげないといけないのに……。来てもだらだらとお喋りするだけ。時間の無駄が多すぎると思うわ。いつも話はしているけど、具体的な結果が出ない。それに、連帯感が欠如しているの。皆もユダヤ人の連帯感から学ばなければいけないわ。他の共同体も見ないといけない。私は、共同体の考えが、他の人たちを助けるためだったら賛成する。共同体の人たちは、もっと熱心に問題に取り組まないといけないわ。トップになろうとか、スポークスマン、テレビのスター、新聞に出たいなんていうのじゃダメ」

教育が同化の鍵！

「私はまず、ジャーナリストとして頑張れると思う。できるだけ教育について書くようにすればいいと思う。教育は同化の鍵だから……。これは都会の問題でもある。皆家に近い学校に行くからよ。もしパリでもシックな地区のサン－クルーに住んでいるなら、サン－クルーの学校に行くでしょうし、大部分の子供たちは一番近い学校に行くのが普通ね。私に言わせると、都市への人口集中と学校の問題は切り離せない。問題のあるところは優先的教育地区に指定して、努力はされているわね。そういうところに若い教師を派遣して、給料も上げて、支援する時間も多く与える。同化は指導力の問題でもあるの」

警官に郊外に戻ってもらう

「いま、若いギャングを郊外から追い出そうとしているけれど、私はそれより、警官を郊外に戻らせる方が解決になると思うわ。たかが警官、されど警官。各地区を一人の警官が受け持つのはちょっと『うざったい』けど、抑止効果があるのは確かね。そういう警官なら、小さないざこざを未然に防げる。イギリスの巡査のようなもので、ちょっとした番長を抑え、暴力が広がるのを避けられる。皆が尊敬できる、力のある人間が必要なの。そうすれば警官は、モハメッドという名前の子が全部犯罪者ではないことがわかるし、モハメッドたちは警官が全部人種差別主義者じゃないことがわかるはずよ。

そりゃあ、地区で目の前にドーベルマンを放たれたら、警官が怖がるのもわかるわ。でも、警官たちは地区の共同体について十分に教育されているのかしら？　共同体出身の警官というのも少なすぎるんじゃない？　郊外の若者たちを描いた『ヤマカシ』（01年）という映画は、主人公がアルジェリア出身の刑事だったけど、警官はもっとたくさんいて、ブールの刑事もいないといけないわ。これは本当に大事なことよ。でも、私はだんだんそうなっていくと思っている。皆ほとんど話題にしないけど、同化というのは色々な要素が絡み合っていくものだから……。同化の問題はパリだけに限らない。他の都市も見ないと。パリだけがフランスじゃない！　黙って同化して、人目につかずに働き、目立ちたくないと思っている人はたくさんいる。

そういう人たちに、私は言いたいの。何か役割があるはずなのに、それを忘れて楽すぎる人生を送っているんじゃないって？　役割があるって、気づかせないといけない。同化しただけで、立派な役割があるの。金融機関や有名化粧品メーカーで働いている女性もいる。そういう人たちは、何も発言せずに、ただそこにいて、そのレベルまで来たの。無言の同化をはたした人たちの部類に入るわね」

人種差別はフランスの社会制度にも

「私がストラスブールに来たとき、最初で最後の人種差別の体験をしたの。私は一部の警官にショックを与えてしまったみたい。私は地方のジャーナリストだったから、その警官たちと仕事を通して知り合って、友だちのようになった。それも仕事の一部でしょ？　彼らは私に親切で、私も彼らに親切だったと思う。デモで会ってから、お互いに誘い合うようになったの。私は警察署に招待されて一杯飲んだこともあるし、私の事務所に彼らを招待したこともある。一回、レストランで食事をしたんだけど、そこでの会話が極右翼、ル・ペンのようだった。こんな感じ。移民は何から何まで優遇されている。子供を十八人作り、社会保障もあり、奴らは社会保障を使うためにフランスに来ている……。

私も議論に応じたけど、自分の出身については何も言わなかった。でも、ジャーナリストだから、当然左派で、社会問題に興味があると思われていたのね。私は彼らに、原因を見つめないで結果だけ見ていると言ったんだけど、問題は支払いのとき。小切手で払う習慣の人が多いけど、私もそうだから、テーブルの上に小切手を置いたら、私の名前を見た警官が一人いて、こう言ったの。『そんなバカな、彼女はメロン！　アラブ人だぜ！』。私、そんな言葉は聞いたことがなかったし、自分に当てはめられたこともなかった。だって、私は『メロン』のようじゃないから……。それにしてもひどい言葉。彼は立ち上がって、私に自分の身分証明書を見せてくれた。『ド・ラ』とか『デュ』のつく名前で、『これがフランスの名前です、マダム』って言うの。で、挨拶もせずにテーブルを離れたわ。それからもう一人、私が大好きなブロンドの男性で、彼も私を好きだったんだけど、こう言ったの。『まさか、君がそうとは、ありえない。君はどういうことかわかっているの?』。だから私は言ったの。『いいえ、どういうことか、ちっともわからないわ。私にとっては何でもないことよ。どこに問題があるかわからないわ!』って。裏切りだと取られたの。何の裏切りかわからないけど……。その人たちは法学士号を持っている刑事よ。そこで初めて私は、フランスの社会制度にどこまで深く人種差別が入り込んでいるかわかったの。その前は気づいてもいなかった。友だちが検問で、外見からつかまったケースはあった。パリの地下鉄でも見たけれど、そういうのはレベルの低い警官だと思っていた。でも違ったの。もっと上のレベルもそうなの。修士号や学士号のある、高等教育を受けた人まで感染している。そういう人たちは理解力もあるはずだし、大学では移民出身の人とつき合っていたはずなのに……。

でも、彼らの気持ちもある面で理解できるの。だって、毎日、驚くほどの移民の非行を見ているんですもの。統計的には、犯罪行為をするのは全て移民出身じゃないとわかっていても、最も目につくのは、そのへんのごろつきによる軽犯罪、ドラッグのディーラーとかスリでしょ。でも、なぜそうなのかは自問しない。ただ、『ああもう我慢できない、こういう奴らは追い払わないと』と思うだけ。インテリで、学歴のある人たちもそうなの。彼らは、軽犯罪者を海に捨てることしかできないの？　ちょっと頭を使えばいいだけよ。移民出身の若者のなかには、同化しようとしている子や、既に同化していて、話せば心を打ち明ける子だっているのよ。

何でも機械的に、お役所的に処理するのは、ある意味でフランス的な精神構造で、他の地中海諸国には見られない。例えば、反ユダヤの法律が施行されたときもそう。フランスの役人は他の国より熱心だった。イタリア人も負けずに人種差別主義者だけど、やっぱり個人の方が重要なの。心底個人主義者だから、個人的な出会いに左右される。でも、フランス人のように小さな犯罪に対して人種差別をする人間は、同じ共同体に違う人がいることを想像できないの。これはやっぱり深刻だわ」

裁判官、警官は大半が人種差別主義者

「弁護士をしている姉が実際に体験した話だけど、裁判官や警官は大半が人種差別主義者なの。フランスの社会制度にはどうしようもないほどの人種差別の問題がある。もし郊外に警官を配置するなら（私は賛成する方だけど）、誰でもいいんじゃなく、きちんと教育しないといけない。ドイツのシュツットガルトへ行ったことがあるのだけれど、あの町は住民の25％がトルコ人なのね。警官は事情聴取でトルコ人の家へ入るとき、必ず靴を脱ぐの。そのように指導されたのね。私は全てそうしなさいとは言わないけど、お互いに尊重しないといけない。個人を尊重しなかったら、社会制度を尊重しなさいと言っても無理でしょ。制度側の大半が移民を全く尊重していない。若者たちと最初に接触する立場である裁判官や警官の方に、尊重する気持ちがないと深刻よ。若者たちは投げやりになって、犯罪を繰り返すようになる。皆、初犯で大したことのない犯罪でも、実刑で刑務所に入れられるのがわかっている。実際にそう言われるの！　裁判官はあからさまよ、金持ちの息子はディーラーをしても刑務所には入れられない。郊外の仲間と一緒に悪いことをしているのがわかっても、パパに力があるから。こういう問題は現実にあるの。制度側に人種差別があるのよ。皆それがどこまでわかっているか、私はわからない。警察の上層部には、知っている人はいると思うわ。私はとにかく、インテリと言われる人がそうなので、ビックリしているの。

極右のル・ペンに投票した人がこれだけ増えたのは、ちょっと驚きね。だって、彼に投票したのはバカだけじゃなくて、インテリもいるの！　投票したのは不安で怯《おび》えている人たちなの。政治が安心させてくれないからだけど、政治の役割は、人々を安心させることよ。将来に希望を与えること。いま、治安の悪さが一番の問題だと言われているけど、パリの友だちの話を聞くと、治安の問題は十年前からあって、以前より悪くなっているわけじゃないのよ」

非行少年たちは郊外から出て、安全な地区を襲う

「窃盗や軽犯罪がものすごく増えているけど、この現象を数字であらわすのは難しいわね。アメリカのように、仲間同士で盗み合っているからなの。でも、アメリカに比べると、非行少年たちはなんとなく郊外の外へ出ているみたい。アメリカでは貧しい者同士で殺し合っている。その方がもっと悪いわね。皆他で生活しているから問題に鈍感になっちゃう。私は、非行少年たちが郊外から出るようになったことが、十年前との違いだと思う。郊外から出て、安全だと思っている人たちを襲うの。いつ犠牲者になるかわからないのは怖いけど、少なくとも、アメリカのようにはなっていない証拠。皆、アメリカ式のゲットー化は頭にないの。フランスの社会から抜け出したくないの。これはむしろいいサインよ！　これは、彼らがフランス社会からはみ出していないと思っている証拠よ。共同体に閉じこもっていない。でも、その共同体で見放されすぎているのも確かね。

なぜ若者たちはそれほど絶望しているのかしら？　アルジェリア人の間では、父親の失権が特に大きい問題になっている。そこには戦争の問題もあって、父親たちはフランスに勝ったと言いながら、自分たちが勝利をおさめた国に来て働いて、いまは奴隷の立場にいる。こんな難しい生き方はないわ。父親たちは完全に軽く見られているの。おまけに妻が来たら、父親はフランスでも村にいたときと同じ家庭を作った。つまり、子育てをするのは妻であり、村人というわけ。ここだと、高層ビルの管理人が子育てをしなきゃいけない。本当はそうじゃないのよ。子育ては父親の役割なのよ。母親の役は、ここはもうアルジェリアじゃないとわかって、村にいたときのように、子供たちを外に放り出したり、好きにさせておかないことなの。向こうだと、何の問題もない。子供たちには自然がある。広々としているし、車がないから轢かれることもない。ちょっと厳しいおじさんやおばさんが必ずいて、子供たちのすることに目を光らせていた。ところが高層ビルでは、隣の人が誰かも知らない。関係ない人が自分たちの子供を見てくれるわけがないわよ」

成功するのは、父親または母親のおかげ

「もちろん、ザイール・ケダドゥーシュのようにお父さんがいなくても成功したケースはあるけど、私は、成功する人たちは、お父さんかお母さんのおかげだと思うの。どちらかが強くないといけないわね。この考えは両親からきているの。私の場合は、両親が口では言わなかったけど、『学校を出れば何とかなるよ』ってわからせてくれた。学校はトランポリンで、うまく跳び出せば仕事がある。それだけが頼みの綱、移民にとってだけじゃなく、フランスの普通の家族全てにとってもね。ただ、フランスの場合は、両親がちゃんと意識を持って、子供たちにわからせているけどね。移民の両親もそうでなくちゃいけないの。フランスは多分、移民たちに説明不足だったんじゃないかしら。移民の家族を呼び寄せる政策は曖昧だった。フランスは本当に迷ったのよ。74年、政府は移民には帰国してほしいと思ったんだけど、皆帰国を望まなかったから、結局、引きとめておかなければいけないとなった。政府は、フランスに残っていいというサインを出したの。移民たちになぜそれがわからないのかしら？」

常に誰かの苦しみを背負って

「ヌアラ・ベナイが言うように、息子たちは父親の苦しみを背負っているのは確かだけど、私も父の苦しみを背負っているのよ。それでも抜け出せたし、逆にバネになった。父親の苦しみは、抜け出す助けになるかもしれないの。ザイールはどうだった？　彼も父親の苦しみを背負っていたけど、多分そのせいで抜け出した。彼は母親の苦しみも背負っていたけど、皆そうやって誰かの苦しみを背負っているものなのよ。父親がアルコール依存症の家庭もあるけど、そこから抜け出す子供がいるのに、他の子はどうしてできないの？　それほど宿命的なことじゃない。よく、あまり個性がなくて、どうしたらいいかわからない子もいるけど、そこにこそ教育者が必要なの。フランス政府が顔を出して、社会的に援助して、話をたくさん聞いて、学校はチャンスだとわからせて、挫折しそうな人を救わないといけない。そのためには、共同体出身の人が現場にたくさんいないといけない。でも、既にいっぱいいるのよ、社会教育者のなかには、移民出身の人の割合がものすごい。意識の高い市長や、政治家もたくさんいる。

父親の苦しみもいい。でも私は、泣き言はやめなければいけないと思うの。なぜなら、抜け出した人たちは泣き言を言わないで、ちゃんと仕事をしている。四六時中、ブッブッ文句を言ったりしない。世界中の人に、貧しい人たちがフランスに来たのにいじめられているなんて言わない」

フランスには何も責任がない！

「私、移民の子孫にはちょっと意地悪なの。皆文句を言いすぎるし、フランスに期待しすぎているると思う。フランスは彼らを援助しないといけない、フランスはこれをして、あれをしなければいけないって。でも実際、フランスには何の責任もないのよ！　フランスが何かしなければいけないとしたら、彼らの両親に対してで、子供たちにじゃない。だって、彼らにはチャンスがいっぱいあるじゃない！　皆フランスで生まれたか、フランスに来て、アルジェリアで生活しなくていいだけでも恵まれている。向こうの失業率は30％で、若者だと60％と言われている。更に、アルジェリアの郊外に行くと、フランスの郊外よりもっとひどい状況よ。だから、『ああ、俺は哀れな移民の出だ』なんて言うのはやめなきゃいけない。もうそんなことにこだわってちゃいけない。私なら、いいえ、あなたはフランスにいて恵まれているって言う。フランスがあなたに全て与えている！　アルジェリア移民の娘だったら、フランスにいる方がよほど試験を受けるチャンスがある。国にいたら、大学入学資格試験を受けられないどころか、好きでもない相手と結婚させられて、仕事もできない。アルジェリアにいる人たちより恵まれているんだから、このチャンスを利用しなきゃいけない。自分たちで頑張らないと！

それに、他にも苦しんでいる人たちがいる。苦しんでいるのはアルジェリア人だけじゃない。ヴェトナム人だって、ボートピープルは、フランスに来たアルジェリアの家族より四倍も辛い思いをした。それでなぜ、彼らは抜け出しているの？　多分、彼らの方が苦しんだからよ！　苦しみは原動力にもなる。苦しいほど、こんな貧乏のどん底にいたくない、またこんな生活をしたくないと思うの。ザイールはそうだった。彼の本を読むとそれがはっきりわかる」

非行に走るのは安易な解決法

「抜け出せない若者は、多分、母親に甘やかされすぎているの。大事な長男だからよ。ナナ・プールのサミア・アクトリがあなたに言ったように、長男は何でもできるの。煙草も吸えるし、外出もできる。苦労なんかしていないの！　何に苦労するの？　父親の苦しみも関係ない、息子は苦しんでなんかいない。彼は自分のために生きているの。家族全員、妹たちも彼のために生きているの。甘やかされているから非行に走るのよ。甘やかされすぎていると、何でも簡単に手に入ると思う。スーパーへ盗みに行く方が簡単でいいじゃないか！　更にはドラッグのディーラーになる。一日三回ですぐに千ユーロ（約十二万円）。毎日あくせく働くより、どんなに簡単か！　嫌な仕事を面白くない同僚としたり、仕事や部屋探しで差別的な嫌がらせを受けるより、よほど簡単よ。だけど、非行に走るのは安易な解決法だと思う。絶望が非行や反抗に走らせるんじゃない。絶望は逆にバネにもなるの。軽犯罪は、ヨーロッパに移民した労働者たちの安易な解決法。でも、犯罪に走るのは一部で、他の人は違う！　非行に走った者が社会に反抗したことがあった？　自分を正当化するのにレッテルを貼ると、後が楽なだけよ」

母親の責任は重大

「こうなったのは両親にも責任がある。お金が何より大事なんていう価値観を彼らに押しつけたのは誰？　口を酸っぱくして教えた価値観は、成功じゃなく、お金よ！

それに、システムを利用して巻きあげることもね、両親が子供たちに見せた。家族手当が目的で子供を作るなんて、まともじゃないわ。私だって反感を感じるもの。

特に母親には重大な責任がある。父親よりもある。だって、父親たちには時間がない。あくせく働いて、ひどい侮辱を受けている。でも、母親は時間がたっぷりある。かなりの母親は同化する努力をしなかった。まず、フランス語を学ぼうとしなかった。フランス語が下手で、夫より話せない人がたくさんいる。彼女たちは常に『呼ばれてきたお客さま』、それも『思ってもいなかったのに』と感じていた。いずれ一家で国に帰ると思っていた。頭のいい女性はハッと気づいて『もう帰らないかもしれない。娘は15歳で、フランス人になりきっている』と思った。バカな母親たちは、娘を従兄弟と結婚させようとする。そう願っているのは母親なの。娘の夫を選ぶのは母親で、父親じゃないの。だから、母親にはものすごい責任がある。彼女たちは、フランス政府が彼女たちのために実施している語学学校へ、本気で行こうと思ったかしら？　逆に忌み嫌っている。

皆父親に責任を押しつけるけど、家族の見本や、宗教は、母親を通して伝わる。宗教を持っちゃいけないとは言わないけど、他と区別しなくちゃいけない。宗教は問題でも、相容れないものでもない。お祈りはしていいし、モスクへ行ってもいいけれど、それと同時に、フランス人に負けないで成功するには、教育の道しかないのをわからなくちゃいけない。これはどこの国へ行っても同じよ」

フランスのモデルは機能している

「フランスに来ると、アルジェリアにいるときとなぜ違ってくるかって？　アルジェリアでは大学入学資格を取る人は僅かしかいないの。試験に受かる人は本当に少なくて、その少数派がいい仕事につく。残りは失業している。でも、アルジェリアだからって違うところはないのよ。なぜフランスだと簡単なのか、私はわからない。わからないけど、フランスにいると援助がたくさんあった。アルジェリアに残ったってアメリカ合衆国へ行ったって、そんな援助はなかった。アメリカはセルフ・メイドで立ち上がるって言うでしょ。でも、昔のようなアメリカン・ドリームはもうなくなった。イギリスもそうね。ところがフランスはまだ機能しているの。

いま学校がどうなっているのか、正確には知らないの。話を聞くと、問題だらけで、指導が非常に悪く、移民の子だとチャンスが全くないってことだけど、私はそれでも他の国より数段優っていると思う。ともかくアルジェリアより全然いい！　アルジェリアでも社会の階段をのぼってみろと言ってみたい。でも、フランスへ来るのはアルジェリアに仕事がないからなの！

アルジェリアでは、イスラム原理主義が台頭してから、十万人も死んでいる（人口は三千万人で、20歳以下の若者が半分を占める。面積はフランスの約四倍）。

だから、フランスのモデルは機能しないと言うのは、もうやめましょ！　フランスのモデルは見直して、改善しなければいけないけど、ちゃんと機能している。私がその例だし、他にも知っている例はたくさんある。そう、二十年前よりは機能していないかもしれないけど（手元にデータがないから確実ではないけれど）、いまも抜け出している人を知っている。

私はこういう議論は好きじゃない。『可哀想な移民、可哀想なブール、フランスが取り込んであげないと』。自分たちで同化しないといけないの！　フランスが同化させるだけじゃなく、自分たちで努力しないといけないの！

コネがない？　それなら私もないわ。私の母は12歳まで学校へ行ったけど、フランス語の文を正確には書けない。父は字が読めない。アルジェリアで10歳まで学校へ行ったと言っているけど、羊の世話をしながらよ。ということは、羊の世話が多くて、学校は少しってことよ。郊外出身者にはコネがないのは本当だけど、私もそうよ。でも、アドバイスしてくれる教育者がいて恵まれている。文部省には、人種差別に責任を感じている左派的な人がたくさんいる。

フランスのモデルが浸透するのにも時間をあげないと！　これは国際結婚による歴史のロード・ローラーなの。移民出身の人たちの間では、二世代目から子供の数が驚くほど減っている。同化している証拠よ。

もう一つ重要なことは、フランスでは教育は無料で、義務だということ。これも強調しないと。アルジェリアで読み書きができる人の率は減っていて、できない人が増えている。一部の女の子は学校をやめさせられている。フランスには男の子と女の子で差別はないけど、アルジェリアにはあるの。だから、女の子にとってはフランスにいるだけでも得なの。

皆まだフランスに来たがっているのは、アルジェリアが貧困化しているからなの。これも無視できない！　十年前より貧しくなっている。経済学者が言っていることよ。寡頭政治の国になっているの。権力の座にいる人間が、国家収益を横領して、スイスの銀行に預けている。

フランスにも汚職はあるけど、アルジェリアほどじゃない。アルジェリアは何もかもコネ！　フランスでもコネはあるけど、コネなしで成功する人もいる」

救いはフランス共和国の精神

「フランスの政界にはマグレブ出身者が増えている。ザイールは一人もいないと言ったけど、間違い。緑の党には移民の出がたくさんいるし、ますます増えている。社会党にも、右派にもね。私の考えでは、これからは右派の方が増えていくと思う。なぜなら、右派は、まず共和国ありきと公言しているからよ。私も、移民、フランス人双方にとって、まず共和国ありきでなければいけないと思う。人は自分のために働くけど、共和国のためにも働くの。フランスの移民を救って、本当に同化させるのは、共和国の精神よ。それは、自分の文化を捨てることじゃない。共和国の考え方も少し修正しないといけないけど。

共和制では、中央より地方が強くないといけないから、共同体も強くないといけないんだけど、私は右派を支持する移民が増えていると確信している。左派は移民の声を聞くと言ったけど、証明できなかった。それで移民は緑の党に行ったけど、未だに弱小政党で思ったほど伸びない。イタリア系移民には右派がとても多いし、ル・ペン支持者もたくさんいる。同化するなら左派より右派で、行くところまで行こうと頑固に決心している。左派は政策が曖昧で何をしたらいいかよくわかっていないし、ああだこうだ言うだけだけど、右派は問題提起は少なくても、結局、行動力がある。私は右派ではないけれど、移民政策には賛成するところが多い」

同化は義務でもある

「右派では、同化は権利だけでなく、義務でもあると強調しているけど、私はそれも正しいと思う。私は『SOS人種差別』代表のブーティが、フランスで選挙人カードを自動的に与えるのではなく、セレモニーをしようと提案したのに賛成だわ。選挙権を持つとはどういうことか、マグレブ出身者だけでなく、国民全体に理解させるには、公民教育と連動して準備することが必要ね。それに、宗教とは何かということも教えないと。他の宗教も知らないといけない。そうすれば紛争を未然に防げるわ。特にイスラム過激派のね。それも小学校からすぐがいいわ。子供たちは影響されやすいし、何にでも興味を持っている。私は宗教教育と同時に、共和国大統領とは何か？　首相とは？　議会とは？　という公民教育も必要だと思う」

誰も移民を海に返せない！

「私はロード・ローラーは存在すると確信しているの。ということは、偶発的な不法滞在者はいても、いずれ地ならしされる……。まず、移民を海に返す人はいないということ。移民は現実にここにいるし、子供たちもいる。コチコチの警官や裁判官は、そのことをまだ受け入れていないけど、彼らが我慢できない人たちはここにい続けるの。ル・ペンだって移民を国に返せない。憲法上、誰も見捨てられない。だって皆フランス人だからよ。だから、どうしたって移民はあるし、い続ける。一部は悪いことをする。だから、これからはもっと警官の仕事が増えるし、学校では教師の仕事も増えるわね。私に言わせると、長い歴史のなかでこういうことはかつてもあったこと……。

私がマークしているのは、徴兵制がなくなったことね。これは同化を進める要素だった。廃止される前も、はたして皆徴兵に応じていたかどうかはわからないんだけど……。

この現象はおさまらない。まず、移民の問題を抱えているのはフランスだけじゃないということ。フランスはもう少し隣国と協議しないといけないでしょうね。イタリアにはアルバニア人との問題が山のようにある。ドイツではトルコ人も完全に同化していないけど、いい方向にあるわね。スペインにはモロッコ人とチュニジア人がいるし。どこでも移民はそこそこ仕事を

伊仏海域でクルド人難民を乗せた船（ＡＦＰ－時事）

しているけれど、いい仕事ではないでしょうね。多分、いまの世代ではなく、子供たちの世代になったら少しずつ同化していくでしょうね。そうなったら、いま問題になっている極端な現象は全て減少するんじゃないかしら？」

共同体を宗教で定義するのは嫌い

「移民の問題は宗教が絡むから難しいと言う人がいるけど、いわゆるイスラムの共同体のなかで、宗教を実践している人は非常に少ないの。まず、私はその言葉に苛々《いらいら》する。共同体を宗教で定義するのは嫌いよ。『ユダヤ人』と定義するのと同じ。ユダヤ人と言うと、その人を宗教に押し込めることになる。フランスにはユダヤ人がたくさんいるけど、決して一枚岩の共同体じゃない。スペイン出身のユダヤ人セファラドもいれば、西欧出身のユダヤ人アシュケナジもいて、それぞれ呼び方が違うし、お互いの間の差別もすごいの。で、かなりの人はユダヤ教を実践していないから、彼らもユダヤ人と定義されるのは嫌いね。ユダヤ人って何なの？ カトリックの人を『カトリック人』って言う？ 私はイスラム共同体と言うのは好きじゃない。それよりマグレブ出身の方がいいわ。その方が意味が広いでしょ？ イスラム共同体っていうのはないの。まず、イスラム教にも色々なタイプがあって、どの国でも同じに行われていないの。一体の共同体として紹介するのはまやかしよ」

これが歴史のロード・ローラー

「愛による同化、交際結婚。それはいいかもね。愛に国境はないって言うから。何だかんだ言っても結局、私たちは非常に混ざり合っている。ヨーロッパでもフランスは混ざり合っている国ね。純正な民族もないけど、これは豊かさね。そのうちイスラム教徒のフランス人とか、カトリックのマグレブ人（どちらも既にいる！）があらわれるんじゃないかしら。そしてイスラム教を実践する人はだんだん少なくなっていき、カトリックを実践する人も少なくなっていく。これが歴史のロード・ローラーよ。できれば百年後まで生きて、結果が見たいわ。なぜなら、私は自分の意見にかなり自信があるの。それだけ確信を持っているし、他に出口が見えないからよ。私、システムの受け入れを何らかの形で拒否する人たちに対して、国は硬化していくと思う。でも、国は硬化しても、同時に柔軟でなければいけない。郊外地区に警官を増やすのは賛成だけど、同時に教育者も増やさなければいけない。あるときは柔軟すぎ、別のときに硬化するのはフランスの伝統なんだけど、現在までのところ、フランスの移民は常に同化されてきた。イタリアやポーランド系の名前を持ちながら、祖父母の国の言葉を話せない人はたくさんいる。これが結局のところ同化の形ね。私は、両親の国の言葉を捨てて同化はされるべきだとは、決して思わない。

確かに、フランス政府には重い責任があるのに、社会党政権はその責任を捨ててしまった。社会党は、週三十五時間労働制は全ての人にメリットがあると言っていたけど、そうじゃなかった。どういうことかというと、例えば公務員は前より働かなくなった。だから、既に仕事のある人たちにはよかったけど、なかった人にはダメ。経済成長によって全ての人に有利になると考えていたけど、そうはならなかった。高級官僚がグラン・ゼコールの国立行政学院出身者に占められていることも本当ね。決定に関わるところに、もっと民間人を入れないといけない。この点では、私も少しペシミストなんだけど、私は同化がより進むのは、強硬な右派政権下でだと思うの、無気力な左派政権下よりね。私の意見は左派の人にはちょっと酷？」

13区の中国人は同化していない

「ただ、フランスでも中国人はアメリカ式の共同体を作り続けてきた。だから何も問題を起こさない。中国人はフランス人とは絶対に結婚しない。ときどき内輪もめがあって、殺し合いがあるけど、それも内部でだけ。全てが中国系のマフィアの手に握られている。私に言わせると、それは同化ではなく、横に並んでいるだけ。そこに共同体があって、システムを利用しているけど、それは同化とは逆のもの。せっかくフランスにいるのに、彼らには何にも意味がないし、私たちにもない。経済的な利点があるだけ。13区の中国人はフランス語も話さないし、自分たちだけの決まりで生活している。これって、郊外地区における危険性と同じよ。それでいいの？　ザイールは、フランスの行政当局にマグレブ人がいないって嘆いていたけど、中国人もいない。ヴェトナム人は何人かいてもね。ヴェトナム人は中国人より同化している。

アメリカは同化に失敗した結果として、黒人やマイノリティを優遇する政策を採らざるを得なかった。特に黒人の政治家が誕生した。コリン・パウエルなんかそう。彼は完全な黒人ではないけれど、私はアメリカ式モデルには納得していない。連帯感が失われないのはいいことだけど、世界は自分たちだけみたいに、閉鎖的になってはいけない」

双方の意志が物事を変える

「いまフランスではまさに同化問題が話題になっているけど、それは、何か変えたいという意志が双方にあって、お互いに作用しているからなの。共同体がフランスに来て、自分たちだけで組織作りをするのは、ある意味で理想ね。国にとっては楽、だって、警官の問題も軽犯罪の問題も、彼ら自身が対応するんだから。アメリカのモデルにとってはいいんだけど、でもそれは隣人を邪魔しない限りよ。そうやって小さな殻のなかで組織を作って、世界貿易センターを攻撃するの！　あの事件で突然、アメリカ人は、合衆国に中近東の人間がいたのを発見した。おかしいわよ！　何かあったときだけ、突然、ラテン系アメリカ人がいるのを発見したり、アラブ系がいるのを発見したりする。前からいたのを知らなかったの？　仕事をして、製品を作って、税金を払ってる限り、国にとってはどうでもいいなんて、そんなことじゃいけないわ。いまアメリカで起きていることが心配だわ。新しい敵がイスラムよ！　冷戦がなくなって、新しい敵を作ったのよ。対立軸を作って、人々を煽《あお》りたてている。

フランス式のイスラムは、チュニジアのように変化していくと思う。宗教は国家から離さなきゃいけない。家族の生活を支配する権利まで宗教に委ねちゃいけないわ。

私は、完全にモダンで、安全な、フランス式イスラムを作らなければいけないって考えている。イスラム教は個人的な問題で、子供を育てるのはフランスにあるルール、フランスの法律に基づく。イスラムはフランスの法律にそって変わらないといけない。ドイツのトルコ人もドイツの法律にそって変わらないといけないわね」

ル・ペンはイスラム過激派にとって理想的

「郊外地区では極右のル・ペンの勝利を喜んでいるのよ。彼らが共同体でかたまるということは、他と分離するということで、まさにル・ペンの政策と一致する。フランス人と、そうじゃない人を分けるのと同じでしょ。フランス人の血を純粋化し、他人と物理的に分けて、無視する。仕事でも学校でも、社会保障でもフランス人を優先して、他は疎外する。だから、イスラム過激派にとってはとても都合がいいことなの。それこそ彼らが望んでいることなの。ル・ペンは、イスラム過激派にとって理想的なの。だから、彼らはル・ペンが大好きなの。これはでも深刻よ。イスラム過激派に力を与えちゃいけない。結局、一部のフランスの政治家にとっても、とても都合がいい。自分たちだけで問題を調整し、仲間同士で戦って、殺しあう。一番いいのは、彼らはパリの中心に来てバカなことをしなくなること。彼らは仲間だけでドラッグを売買し、内輪もめをし、仲間同士で殺しあう。『文明の衝突』(サミュエル・ハンチントン著、96年刊)という本があるけれど、あの本の予想は全部当たっているわ」

ロード・ローラーはまあまあ進んでいる

ヴェロニックの予想は、移民の事情に詳しい歴史家で文化人類学者、エマニュエル・トッドの研究で確認されている。フランスでは、異なる民族間の結婚が特に目立つようになり、90年には男性の30%、女性の40%に達して、以前より上昇しているのだ。うち、ブールとフランス人の結婚は50%と算定されている。

「SOS人種差別」代表のブーティは、フランスの同化政策は全体的に見て予想以上の成功だと見なしている。更に、マグレブの子供たちがアラブ語を話さないのは、フランス人でいることに誇りを持っている印だと言う。

彼が『エクスプレス』誌02年5月9日号で語っている現在の状況は、ヴェロニックの話にも共通するが、地方の議員たちが、「補佐のロジック」「同情の議論」に留まり、移民が責任ある立場に立つことを勧めなかったのを残念がっている。「移民をくすぐり、不平、不満を助長させた。子供たちを無料でバカンスに送った。幻想を、気前よく与えすぎた。それより、環境を整え人道的な仕事を提案してほしかった」

更に彼は、現在の問題に取り組むのが最重要と確信しながらも、フランス人が、無意識に「植民地と、アルジェリア戦争から受け継いだ罪悪感」を未だに抱いていることを悲しんでいる。彼はまた、移民たちが一番共同体を拒否していることも強調する。なぜなら、彼らはゲットーに閉じ込められるのを望んでいない。「郊外地区で賃貸契約書にサインすることは、子供の将来の50％を断念すること」になるからだ。コートジボワール人の医学生イオアンも、インタビューで、「郊外地区に住んでいたら、人生はもっと難しかっただろう」と語っている。

地区で小ル・ペンが育ちつつあった

ブーティは、移民には断固たる方法を推奨しているが、地区を恐怖におとしいれている、小粒なボスたちを警戒し始めている。「暴力、地区にある拷問部屋……。一般の人は、野蛮な奴らや一銭もない哀れな奴と自分は関係ないと思っている。私が話しているのは、難しい思春期の少年たちのことではない。野蛮な行為を仕事にする者たちのことだ。彼らはそれで生きている。組織もしっかりしていて、頭もよく、権力のある者にうまく罪悪感を抱かせる。地区に小ル・ペンが育ちつつあったのを、誰も目に止めなかった。注意しないといけない。小ル・ペン、小粒の独裁者たちは、全員から搾取して、お金になるなら仲間の少年を売るのもいとわない。

このギャング・グループをしめ出さないといけない。これからはこう言おう。若者は全て抜け出したいと望んでいる、学校を卒業して仕事を見つけたいと望んでいる。話相手が見つかれば彼らも救われると。ならず者がいる日々は恐怖だ。彼らはこう言う。『仲間になれ。そして、喧嘩のときは俺たちにつけ。じゃなきゃ、お前をこらしめてやる』。現在、郊外で怖がられているのは、警官たちの行動ではなく、この小ギャングたちだ。麻薬取り引きをする奴が女王格で、その周りを小粒のボスの群がうろついている。彼らはテリトリーの分配を望んでいる。『地区の壁の外では、俺は取るに足らぬ人間でもいいさ。だが、ここでは王様だ。有名なスローガンがあるだろ？　ポリ公は出ていけ！　俺のテリトリーでは、俺は好きな奴を攻撃する』。皆それを一つの取り引きと見て、多くの一般人が受け入れた、政治家も含めてね」

若者のイスラムは自己確立の手段に

「皆見て見ぬふりをして、それが破綻した。いま、もしこのまま極右の国民戦線や地区の過激派の手に任せていたら、状況は悪化する一方で、私のような人間はこの国に居場所がなくなる。

私は、発言の機会のない者を代表して話している。テレビカメラの前で車に火をつけたりせず、変化を求めている人たちだ。犯罪をおかす若者たちは満たされていない。仕事がないのだ。移民の息子たちに、誰も道徳を教えようとしなかった。そのつけが回ってきて、いま平和がおびやかされている。この世代は気がついたら裸で、目標もなく、矛盾に満ちている。私は、フランスにイスラム過激派の組織があることを望まない。彼らは文化や慈善の看板を掲げているが、それは仮面で、社会的な活動の裏で憎しみを広めている」

リヨン教区でイスラムとの交渉にあたり、「マンゲットの神父」の名で親しまれているクリスチャン・デロルムは、「移民出身の若者たちの犯罪率の異常な伸びは、長い間否定されてきた。政治が糾弾してはいけないというのが口実だったが、実はどう話題にしたらいいかわからなかったのだ」と残念がっている。

01年12月3日号の『ル・モンド』紙のインタビューで、デロルムはイスラムに対して、「若者たちを家族や社会から隔離する傾向がある」と疑問を述べている。

更に、国内治安高等研究所が、二人の社会学者、カジジャ・モゼン＝フィナンとヴァンサン・ゲイセルに託して行った調査「学校におけるイスラム」のなかでの結論はこうだ。宗教としての目的は、まず、「社会に印をつける」役割を演じることで、「イスラム教は現在、自己の確立に一役買っている。生徒たちは、イスラム教徒ということで、過去の聖痕が実際にあらわれるという考えを自分のものにしているからよけいにだ」。またイスラム教は、宗教的な深い信条より、「生徒の集団のなかで価値を高める道具」として機能し、「若者たちのイスラム教は、場所を移しただけの両親たちのイスラム教とは対照的に、自己確立の手段になり、マイノリティなイスラムとしてすっかり落ち着いている」。

「フランス人は人種差別主義者ですか？」という質問に、私はケダドゥーシュの答えを繰り返そう。「他の国の人並みですね」。つまり、「ごく普通に」人種差別があるということだ。ここで「普通に」という形容詞が、人種差別に適当かどうかは、改めて考えなければいけないのだが……。

ナビラが言ったように、侮辱や、傷つける言葉など、単純な人種差別はすっかり影をひそめている。極右の国民戦線の党員でも、外国人の質問には「普通に」答えるだろうし、身体障害者がいたら、肌の色に関係なく場所を譲るだろう。人種差別はより巧妙になっただけで、消えたわけではない。特にはっきりわかるのは、雇用のときだ。「アラブや黒人っぽいタイプ」はお断りという求人広告は、つまり、ヨーロッパ人以外はその段階で排除し、チャンスを与えないということだ。ナビラは現在の状況を次のように要約している。「フランス人は、あなたの服装や生活スタイル、考え方がフランス人と似ていると受け入れる」。ここにも寛容の限界があるようだ。

第五章では、アラブやアフリカの女性たちがどう受け入れられてきたかに焦点を当て、カメルーンの女性作家、カリクスト・ベヤラが指摘するように、黒人女性たちが実際に、世界で最もハンディを背負っているのかどうかを確認したかった。

　この本で浮き彫りになったことがある。それは特にブールの女性たちが身につけていた従順さが、彼女たちに有利に働いていることだ。男性は攻撃的で反抗的、という先入観を持たれるのに対し、女性たちは好感をもって迎えられている。マグレブの男性は、母親に王様のように扱われていたから、よけいにたちが悪い。あまり甘やかされずに育った女性たちは、立場をわきまえる術を学び、提供される仕事（家政婦や、子守り、老人介護に代表されるのだが）を文句も言わず、感謝をこめて受け入れている。しかし、自分たちはこうでも、娘たちの世代にはもっと期待できるだろう。厳しい教育を受けた彼女たちは、より順応できるようになっている。そのぶん、同化も早く、その長所のおかげで、より評価されているのだ。

　それより心配なのは、パスクワ法によってやむなく路上に追い出される、最も弱い人たちの運命だ。抜け出す手段もなく、方法も与えられずに、彼女たちはどうするのだろう？　最後は娼婦になれというのだろうか？　最近の調査によると、一万五千人いる娼婦（パリで七千人）のなかで、外国人はなんと70％にのぼっている。

　一方、アイシャ・シソコは、フランスより、国にいる女性たちの方が「進歩」していると言っているが、彼女は正しいようだ。チュニジア出身のフランス人で、社会学者でもあるアルベール・メミは、著書『植民地の人のポートレート』（94年刊）のなかで、移民たちは「逃避資産」にこり固まる傾向が見られると指摘する。人が祖国から完全に引き離されたとき、絶望的にしがみつく資産は、先祖代々から伝わる最も古い伝統だ。娘に強制的な結婚や性器の切除をさせる移民たちがまだいるのは、彼らにとってそれが最後の救いで、そこに自己の確立を託しているからだ。

サン－パピエの状況は、私が心配した以上に悲劇的に思われた。ルーマニア人のエマニュエルの結果は、二度の鬱病と、体重が10kgも減ったことでわかる。インタビューの後、彼は労働許可証（これを得るのに十年以上かかった！）を取得して、生活はかなりよくなったのだが、精神的な傷は深く、完治にはほど遠い。またフィルマンは、医学のモルモットになり、医師たちは彼のおかげで名声を手に入れた。もし手術が失敗していたら、彼はどうなっていたのだろう？　そしてもし、半身不随になっていたら？　ジャミラは頑張っているが、最近のニュースによると、兄弟の二人が彼女のところにころがりこんできたそうだ。さて杜聖教《デュシェンジアオ》は、相変わらず不遇な生活を続けている。彼と同じ温州出身の中国人は皆、郊外の工事現場で石を一輪車で運んでいる。彼の「先の見えにくい」状況からして、やはり最も不安定なサン－パピエの一人である。

これらからわかるのは、闇で低賃金で搾取される人たちがいるということだ……しかし、これも必要とされているのだ。結局フランスは、人権の国という評判を利用しているのではないだろうか？　ベネディクト・グーソーが書いているように、「人権の国フランスは、現在、幻想でしかなく、多くの人が失望している」。

フランス人が、週の労働時間が三十五時間を超えただけでわめきちらすこの時代に、一日十六時間働いている人がいるとは、本当におぞましいことではないだろうか？　植民地主義が首都で維持されているのだろうか？

その一方で、理想に燃え、献身的な態度で、貧しい人たちのために闘っている多くのフランス人がいる。フィルマンは多分、フランスから何も得なかったが（得てもほんの僅か！）、いつも手を差しのべる人たちにめぐり会い、飛行機代やホテル代、食費を払ってもらって、路上生活をまぬがれている。彼が歩くのが不自由なのを見て、若い女の子から犬を走らせる役まで買って出てもらっている。

ついでながら私は、「第三集団」などの支援グループの善意ある人たち全てに敬意を表したい。サン＝パピエにつきそって警視庁や県警へ手続きに行き、彼らを助け、彼らの権利が認められるよう、彼らに代わって怒っている。生活面で彼らを支え、勝利をともにし、証明書が取得できたときは、彼らを抱いて泣き、クスクスを前にシャンパンを飲みほしている……。

一つ確かなことは、移民はここ、フランスに残るということで、それゆえ、フランスの社会に同化してもらう方法を真面目に考えなければいけないということだ。

フランスで、これら何人かの外国人の話を聞き、彼らの証言を読むうちに、私は彼らの言いたいことを理解した。彼らは生活はフランスにあり、帰国を希望するには遅すぎると言っていた。「子供たちはここ、彼らの生活もここフランス……。向こうへ帰っても誰もいないし、友だちもいない」。十年フランスで生きてきた、あのエマニュエルも、帰国は考えていない。同胞の精神構造は、彼から離れすぎ、考え方もすっかり違ってきている。

十年、三十年は、人生では大変な年月だ。来年、私は東京に住んでちょうど三十年を迎える。日本での生活は常に、シンプルでも簡単でもあったわけではなかったが、時がたつにつれ、フランスへの帰国の可能性や、決断は頭をよぎらなくなっている。気持ちだけはあるのだろうか？

「住めば都！」と、私より先に言った人がいた。

振り返って見れば、私は日本や日本人と接して多くのことを学んだ。しかし、私も多くを与えたと思いたい。

いま、この原稿を書き終えるにあたり、東京に住む外国人に「東京は住めば都ですか？」と聞いたら、何と答えるだろうと、想像せずにいられない。

Kédadouche Zaïr, *Zaïr le Gaulois*, Grasset, 1996
Kédadouche Zaïr, *La France et les Beurs*, La Table Ronde, 2002

宗教・イスラムに関するもの

Balta Paul, *L'Islam*, Marabout, 1995
Ben Jelloun Tahar, *L'Islam expliqué aux enfants,* Seuil, 2002
Revel Jean-François & Ricard Matthieu, *Le moine et le philosophe,* Nil, 1997

サン－パピエに関するもの

Cissé Madjiguène, *Parole de sans-papiers,* La Dispute, 1999
Coindé Henri, *Curé des sans-papiers : journal de Saint-Bernard*, Cerf, 1997
Diop Ababacar, *Dans la peau d'un sans-papiers*, Seuil, 1997
Fassin Didier, Morice Alain, Quiminal Catherine, *Les lois de l'inhospitalité : les politiques de l'immigration à l'épreuve des sans-papiers*, La Découverte, 1997
Goussault Bénédicte,*Paroles de sans-papiers*, Les éditions de l'Atelier, Les éditions Ouvrières, 1999
JAFE (Journalistes Africains en Exil), *Comment la France traite l'asile politique : lettres à nos mères restées au pays*, L'Harmattan, 2000

移民の女性たちに関するもの

Benaïssa Aïcha et Ponchelet Sophie, *Née en France : histoire d'une jeune Beur,* Payot, 1990

Benguigui Yamina, *Inch'Allah dimanche*, Albin Michel, 2001

Chow Ching Lie, *Le palanquin des larmes*, Robert Laffont, 1975

Chow Ching Lie, *Le concerto du Fleuve Jaune*, Robert Laffont, 1979

Chow Ching Lie, *Dans la main de Bouddha*, Presses de la Renaissance, 2001

Dirie Waris, Miller Cathleen, *Fleur du désert : du désert de Somalie à l'univers des top-models*, Albin Michel, 1998

Dumeige Valérie & Ponchelet Sophie, *Françaises*, Nil, 1999

Guénif Nacira, *Des Beurettes aux descendantes d'immigrés nord-africains*, Grasset, 2000

Lacoste-Dujardin Camille, *Des mères contre les femmes : maternité et patriarcat au Maghreb*, La Découverte, 1985

Lacoste-Dujardin Camille, *Yasmina et les autres de Nanterre et d'ailleurs : filles de parents maghrébins en France*, La Découverte, 1992

Nini Soraya, *Ils disent que je suis une Beurette...*, Fixot, 1993

Sissoko Aïcha, "Femmes-relais" africaines, (article), Projet #255, 1998

Thiam Awa, *La parole aux négresses*, Denoël, Médianes, 1978

Yu Lin,*Une Chinoise à Paris*, Barrault, 1991

Zouari Fawzia, *Pour en finir avec Shahrazad*, Cérès Editions, 1996, Tunis

Zouari Fawzia, *Ce pays dont je meurs*, Ramsay, 1999

ブールのアイデンティティに関するもの

Djaïdani Rachid, *Boumkœur*, Seuil, 1999

Jazouli Adil, Les jeunes "Beurs" dans la société française (l'enquête du Nouvel Observateur/ La marche du siècle/Sofres), SOFRES L'Etat de l'Opinion, 1995

Sayad Abdelmalek, “Coûts” et “profits” de l’immigration, in, Pierre Bourdieu, *La Misère du Monde*, Seuil, 1993
Sayad Abdelmalek, *La double absence : des illusions de l’émigré aux souffrances de l’immigré*, Seuil, 1999
Todd Emmanuel, *Le Destin des immigrés : assimilation et ségrégation dans les démocraties occidentales*, Seuil, 1994
Tribalat Michèle, *Faire France*, La Découverte, 1995
Tribalat Michèle, *De l’intégration à l’assimilation*, La Découverte, 1996
Weil Patrick, *La France et ses étrangers*, Calmann-Lévy, 1991
Weil Patrick, *Pour une politique de l’immigration juste et efficace*, La Documentation Française, 1997
Weil Patrick, *Qu’est-ce qu’un Français? : histoire de la nationalité française depuis la Révolution,* Grasset, 2002
林瑞枝，フランスの異邦人，中公新書，1984

人種差別に関するもの

Ben Jelloun Tahar, *Hospitalité française : racisme et immigration maghrébine,* Seuil, 1984
Ben Jelloun Tahar, *Le racisme expliqué à ma fille*, Seuil, 1998
Blauner Bob, *Black Lives, White Lives : Three Decades of Race Relations in America,* University of California Press, 1990
Bourdieu Pierre, *La misère du monde*, Seuil, 1993
Boutih Malek, *La France aux Français? Chiche!*, Mille et une nuits, 2001
Etcherelli Claire, *Élise ou la vraie vie,* Denoël, 1967
Hannoun Michel, *L’Homme est l’espérance de l’Homme* : rapport sur le racisme et les discriminations en France au secrétaire d’Etat auprès du Premier ministre chargé des Droits de l’Homme, La Documentation Française, 1997
Wieviorka Michel, *La France raciste*, Seuil, 1992
Wieviorka Michel, *Violence en France*, Seuil, 1999

主要参考文献（雑誌・映画類は省略）

移民に関するもの

Barbara Augustin, *Mariages sans frontières*, Le Centurion, 1985

Begag Azouz & Delorme Christian, *Quartiers sensibles,* Seuil, 1994

Begag Azouz & Rossini Reynald, *Du bon usage de la distance chez les sauvageons,* Seuil, 1999

Benguigui Yamina, *Mémoires d'immigrés*, Canal+éditions, 1997

Bernard Philippe, *L'immigration : le défi mondial,* Gallimard, 2002

Blanc-Chaléard, *Histoire de l'immigration,* La Découverte & Syros, 2001

Boeldieu et Borrel Catherine, Cellule Statistique et Etudes sur l'immigration, Insee, Recensement de la population 1999

Collectif, ss la dir. de Costa-Lascoux Jacqueline et Temime Emile, *Les Algériens en France : Genèse et devenir d'une migration*, Groupement de recherches coordonnées sur les migrations internationales, Publisud, 1985

Fall Mar, *Les Africains noirs en France : des tirailleurs sénégalais aux... blacks,* L'Harmattan, 1987

Gillette Alain et Sayad Abdelmalek, *L'immigration algérienne en France,* Editions Entente, 1976

Jazouli Adil, *L'action Collective des jeunes Maghrébins en France*, C.I.E.M.I., L'Harmattan, 1986

Jazouli Adil, *Les années banlieues*, Seuil, 1992

Jelen Christian, *La famille, secret de l'intégration : enquête sur la France immigrée,* Robert Laffont, 1993

Khellil Mohand, *L'intégration des Maghrébins en France*, Presses Universitaires de France, 1991

Mermet Gérard, *Francoscopie 2001* et 2003 *: comment vivent les Français*, Larousse, 2000

Naïr Sami, *L'immigration expliquée à ma fille*, Seuil, 1999

N'Djehoya Blaise & Diallo Massaër, *Un regard noir : les Français vus par les Africains,* Autrement, 1984

ミュリエル・ジョリヴェ

ベルギー生まれ。フランス国籍を有する。上智大学外国語学部フランス語学科教授。パリ大学東洋語学科で日本語・中国語を学び、一九七三年、奨学金を得て来日。八一年に同大学大学院博士課程修了。著書に『子供不足に悩む国、ニッポン』『ニッポンの男たち』『フランス　新・男と女』など。

鳥取絹子（とっとり　きぬこ）

富山県生まれ。お茶の水女子大学卒業。翻訳家、ジャーナリスト。著書に『ふらんす気分で山小屋暮らし』『大人のための「星の王子さま」』、訳書にB・サムソン『不真面目な十七歳』、M・フィトゥーシ『息子への手紙』など。

移民《いみん》と現代《げんだい》フランス

集英社新書〇一八九A

二〇〇三年四月二二日　第一刷発行

著者……ミュリエル・ジョリヴェ　訳者……鳥取絹子《とっとりきぬこ》

発行者……谷山尚義

発行所……株式会社集英社

東京都千代田区一ツ橋二-五-一〇　郵便番号一〇一-八〇五〇

電話　〇三-三二三〇-六三九一（編集部）

〇三-三二三〇-六三九三（販売部）

〇三-三二三〇-六〇八〇（制作部）

装幀……原　研哉

印刷所……凸版印刷株式会社

製本所……加藤製本株式会社

定価はカバーに表示してあります。

ISBN 4-08-720189-9 C0236

a pilot of wisdom

集英社新書　好評既刊

江戸の色ごと仕置帳
丹野　顯　0178-D

密通、手込め、心中、DV…男女のトラブルをお上はどう裁いたか。江戸の裁判記録からその実相を探る。

フランス映画史の誘惑
中条省平　0179-F

リュミエール兄弟の映画発明、巨匠たちの傑作からヒット『アメリ』までフランス映画の歴史と魅力を紹介。

スーパー歌舞伎
市川猿之助　0180-F

伝統に現代的発想を大胆に加え、歌舞伎本来の楽しさを蘇らせた著者が、〈ものづくり〉の舞台裏を明かす。

語学で身を立てる
猪浦道夫　0181-E

国際的な仕事がしたい。翻訳者になりたい…。語学で仕事をしたい夢を「夢」で終わらせないために読む本。

花をたずねて吉野山
鳥越皓之　0182-D

日本有数の桜の名所が提示する、様々な「?」。歴史学、民俗学から環境の視点まで、多面的に探求する。

挿絵画家・中一弥
中　一弥　0183-F

銭形平次、鬼平、梅安…。日本の数々の時代小説の名作に挿画を描いてきた現役最長老の絵師による自伝。

魚河岸マグロ経済学
上田武司　0184-A

日本人の大好きなマグロ。その流通から味の秘密まで、築地一の目利きが明かす、マグロビジネスのすべて!

文士と姦通
川西政明　0185-F

白秋、龍之介、あの漱石も…文士は姦通すると元気になる!　文学者たちの生々しい素顔と生存のかたち。

廃墟の美学
谷川　渥　0186-F

人はなぜ廃墟に魅了されるのか?　視覚表象を中心に、その「美」の魔性を解き明かす、廃墟論の決定版。

自動販売機の文化史
鷲巣　力　0187-B

いまや世界一の自販機大国となった日本。古代までさかのぼるその歴史や、人と社会に与える影響を考察。